100세 시대

귀촌

이렇게 준비하라

박국규 지음

도서출판

100세 시대
귀촌
이렇게 준비하라

첫판 1쇄 펴낸 날 2023년 9월 10일

지 은 이 · 박국규
펴 낸 이 · 유정숙
펴 낸 곳 · 도서출판 등
기　　획 · 유인숙
관　　리 · 류권호
디 자 인 · 김현숙
편　　집 · 김은미, 이성덕

ⓒ 박국규 2023

주　　소 · 서울시 노원구 덕릉로 127길 10-18
전　　화 · 02.3391.7733
이 메 일 · socs25@naver.com
홈페이지 · dngbooks.co.kr

정 가 · 18,000원

- 이 책은 저작권법에 따라 보호받는 저작물이므로 무단 전재와 무단 복제를 금합니다.
- 이 책의 전부 또는 일부를 이용하려면 저자와 도서출판 〈등〉에 동의를 받아야 합니다

100세 시대
귀촌
이렇게 준비하라

박국규 지음

| 추천의 글 |

　자연을 벗 삼아 사는 것은 즐거운 일이다. 그러기에 여건이 된다면 누구나 전원생활을 하고 싶어 할 것이다. 특히 의학기술의 발달로 평균수명이 길어지면서 퇴직 후 귀촌하여 전원생활을 하며 여유로운 일상을 보내고 싶어 하는 사람들은 갈수록 증가하리라 생각된다.
　하지만 귀촌하여 전원생활을 하고 싶어도 무엇을 어떻게 준비해야 하는지에 대한 사전 지식이 없는 상태에서 쉽사리 귀촌을 결정하지 못하는 것도 사실이다. 그런 면에서 이번에 저자가 출간하는 귀촌에 대한 지침서는 시의적절한 것이며, 향후 귀촌을 생각하거나 현재 귀촌을 준비 중인 사람들에게 많은 도움이 되리라 생각한다.
　이 책은 그동안 막연하게만 여겨지던 귀촌 및 전원생활의 전반적인 내용을 깊이 있게 다루고 있다는 점에서 귀촌을 생각하는 사람들에게 추천할만한 책이다.
　성공적인 전원생활을 위한 준비과정과 마음가짐, 농지를 매입할 때 주의해야 할 점, 농업인에게 주는 각종 혜택, 시골에서 집을 지을 때 건축주로서 알아야 할 기본지식, 저자가 실제 전원생활을 하며 체험하고 깨닫게 된 점들 등 다양하고 실제적인 내용들로 이루어진 이 책이 귀촌이나 전원생활을 꿈꾸는 많은 사람들에게 훌륭한 지침서가 되길 바란다.

건국대학교 행정대학원 교수 김경호

| 추천의 글 |

　나이 들면서 문득 삭막한 콘크리트 빌딩과 아스팔트 도로 속에서의 삶, 붐비는 군중 속에서의 외로움과 스트레스를 감당해야 하는 도심지의 삶을 벗어나 맑은 공기와 푸른 들판이 있는 곳 그리고 그 속에서만이 만끽할 수 있는 계절의 변화와 마음의 여유로움을 찾아 떠나고 싶어질 때가 있다. 그 곳이 바로 우리 마음의 고향인 농촌 아닐까.
　최근 10여 년간의 통계를 보면 귀촌하는 사람들의 수가 날로 증가하고 있는 것을 볼 수 있다. 물론 주류를 이루는 것은 5~60대이지만 젊은 층들의 귀촌도 많아 보인다. 하지만 주변에서 이제는 전원생활을 하겠노라고 시골로 귀촌한 지인들이 여러 가지 예기치 못한 일들로 인해 귀촌생활을 그만두고 다시 도시로 돌아오는 사례들을 더러 보았다. 귀촌생활의 실상을 잘 모르고 미리 준비하지 못했던 탓이리라 생각한다.
　이번에 출간하는 박국규 저자의 책은 귀촌 희망자들에게 꼭 필요한 정보들을 종합하여 엮은 것으로 귀촌에 실패하지 않고 즐거운 전원생활이 될 수 있도록 좋은 길잡이가 되어 주리라 사료된다. 특히 귀촌은 하고 싶은데 어디서부터 시작해야할지, 무엇을 준비해야할지 몰라 망설이고 있는 독자들에게는 훌륭한 지침서가 되리라 믿는다.
　바라기는 앞으로 더욱 다양한 귀촌 체험으로 개정판 작업 시 책자에 반영할 수 있다면 보다 생생하고 현장감 있는 책이 되리라 생각한다.

경희대학교 무역학과 교수 김영로

| 추천의 글 |

　누구에게나 고향이 있고 그 곳에서의 어릴 적 추억들이 있을 것이다. 50년대 후반부터 60년대 초반에 걸친 베이비 붐 시대에 태어난 사람들에게 농촌은 삶의 터전이었다. 급속한 산업화와 함께 그 터전을 떠나 도시로 탈출했던 그들이 대부분 직장을 퇴직하면서 인생 후반기에 접어들었고, 이제 새로운 삶을 준비하면서 자연스럽게 고향이나 농촌으로 귀촌하는 사람들이 늘어나고 있다. 요즈음엔 젊은이들의 귀촌도 눈에 띄게 늘어나고 있는 듯하다. 하지만 새로운 시작은 언제나 어렵고 힘들기 마련이며 수많은 망설임을 동반하게 된다.
　무슨 일이든 시작할 때 좋은 지침서를 갖는다는 것은 매우 중요하다. 어떤 지침서를 참조하느냐에 따라 일의 진행 속도나 성패가 좌우될 수도 있기 때문이다. 그런 의미에서 이번에 출간하는 박국규 씨의 귀촌 또는 전원생활 지침서는 귀향이나 귀촌을 염두에 둔 독자들에게 훌륭한 안내자 역할을 해 줄 것이라 믿는다.
　저자는 지난 30년 이상 부동산개발 사업 분야에서 근무하며 3권의 지침서를 출간한 바 있고, 이들 책들이 모두 개발사업자들의 필독서로 정평이 나 있듯이 저자의 이번 귀촌에 관한 지침서도 편제나 내용면에서 다방면으로 깊이 있게 다루고 있다고 판단되어 귀촌 희망자들에게 일독을 권하고 싶다.

쌍용건설 사장 김인수

| 들어가는 말 |

　부동산개발 사업 관련 분야에서만 전문적으로 일 해왔었고, 개발사업 관련하여 3권의 책을 출판하기도 했던 필자가 어느 날 갑자기 귀촌에 관한 책을 집필하겠다고 했더니 주변 지인들은 많이 의아해 했다. 필자의 전문분야에서는 아직 한창 일 할 나이인데 왜 뜬금없이 개발사업과는 동떨어진 지역인 농촌으로 가서 귀촌에 관한 책을 쓰느냐고.

　필자는 꽤 오래 전부터 퇴직 후 귀촌을 해야겠다는 생각으로 정착할 만한 지역을 찾고 있었으며 관련 자료들을 찾아 공부해 왔다. 그러던 중 우연히 친한 후배가 필자의 고향에서 개발사업을 한다고 도와달라는 부탁이 있었다. 직장생활 겸 귀촌생활을 체험할 수 있는 좋은 기회라 생각되어 망설임 없이 합류했다. 가족들과 떨어져 혼자 귀촌하여 주중에는 직장생활을 하고 주말에는 농사일을 하면서 즐거운 나날을 보냈다. 하지만 혼자 그것도 주말에만 400여 평의 농사를 짓는다는 것이 쉽지 않았다. 자가 소비할 농산물이라고 농약이나 제초제 한번 뿌리지 않았더니 잡초가 우거지고 진드기들이 우글거렸다. 2년 동안 전원생활을 체험하는 것은 좋았으나 농사일은 노동 그 자체였고 결국 잡초들의 승리였다. 그러다가 후배의 사업진행이 어렵게 되어 퇴직을 하게 되었고, 친척의 권유로 당진의 조그마한 면 단위로 와 부동산중개업을 배우고 농사일을 거들며 또 다시 전원생활을 시작하게 되었다. 나의 귀촌생활은 그렇게 사전지식이 많지 않은 상태로 시작되었다. 귀촌의 시작과 함께 귀촌하겠다고 찾아오는 고객들에게 부동산중개를 할 때 필요한 여러 정보들을 깊이 있게 공부하기 시작했고, 이러한 정보들을 귀촌 희망자들 그리고 농어촌에서 부동산중개업을 하는 사람들과 공유하면 좋겠다는 생각으로 이 책의 집필을 시작했다. 모쪼록 필자의 부족한 이 책이 그런 독자들에게 보탬이 되길 바라며 앞으로 귀촌생활을 해나가면서 체험하고 느낀 점들을 개정판에 풍부하게 채워나가도록 노력할 것이다.

  이 책이 나오기까지 원고의 교정과 많은 조언을 아끼지 않았던 나의 누님과 매형, 부족한 이 책에 추천사를 붙여주신 김경호 박사님, 김영로 박사님, 김인수 사장님 그리고 어려운 출판 환경 속에서도 이 책을 출판해 주신 '도서출판 등'의 편집장님과 편집을 위해 수고해주신 분들 모두에게 감사드린다. 또 내가 무슨 일을 하든지 항상 든든한 후원자가 되어주는 사랑하는 아내 그리고 존재 그 자체만으로도 마음 든든한 두 아들에게 고마운 마음을 전한다. 마지막으로 나의 사랑하는 어머니! 올해 87세가 되시는데 항상 건강하시고 오래오래 행복하시길 바라며 이 책을 바칩니다.

2023년 8월 31일
예당평야가 바라다 보이는 사무실에서

친척의 권유로 당진의 조그마한 면 단위로 와 부동산중개업을 배우고 농사일을 거들며 또 다시 전원생활을 시작하게 되었다. 나의 귀촌생활은 그렇게 사전지식이 많지 않은 상태로 시작되었다.

| 목 차 |

- 추천의 글 / 4
- 들어가는 말 / 7

제1장 | 서론

  01 100세 시대, 어떻게 살아야 하나 / 16

  02 이 책의 주요 내용 / 22

제2장 | 집을 짓거나 텃밭으로 사용할 땅 구하기

  01 살기 좋은 땅을 찾아서 / 26
  - 어디가 좋을까 / 26
  - 어떻게 찾을까 / 27
  - 어떤 땅을 살까 / 29
  - 땅을 살 때 보아야 할 서류들 / 30

  02 초기 정착비용과 농지분할 / 32
  - 어느 정도의 초기비용이 적당할까 / 32
  - 농지의 분할 및 절차 / 33
  - 마을 주민과의 동화 / 36

제3장 | 농업인이 되면 받을 수 있는 각종 혜택

  01 농업인의 자격 / 40
  - 누가 농업인인가 / 40

  02 농업인의 혜택 / 44
  - 농업인에게는 어떤 혜택이 있는가 / 44
   1) 양도소득세 감면 / 44
   2) 농지연금 / 46
   3) 건강보험료 최대 50% 지원 / 52

4) 국민연금보험료 50% 지원 / 53
5) 공익직접지불금 혜택 / 54
6) 농지 취득세 50% 감면 / 55
7) 농업인 주택 신축 시 농지보전부담금 100% 감면 / 58
8) 지역단위농협 조합원 가입 및 출자와 배당 / 60
9) 부가가치세의 영세율 적용 및 농기계용 면세유 구입 가능 / 62

제4장 | 전원생활에 필요한 법률지식

01 토지의 효율적 이용 / 66
- 주택 부수 토지 / 66
- 사업용 토지와 비사업용 토지 / 69
- 농지의 처분명령과 이행강제금 / 70

02 인허가 및 부담금 / 72
- 개발행위허가 / 72
- 농지전용허가 및 신고 / 74
- 농지보전부담금 / 77
- 산지보전부담금 / 77

03 농막 및 도로 / 79
- 농막 / 79
- 도로 / 85

제5장 | 경매나 공매로 땅 사기

01 경매 / 90
- 왜 경매인가? / 90
- 경매의 절차 / 93
- 권리분석 / 95
- 입찰참가 / 98
- 명도 / 100

02 공매 / 102

제6장 | 전원생활을 위한 내 집짓기

01 기본계획 및 설계 계약 / 106
- 어디서부터 시작해야 하나? / 106
- 토목 및 건축 설계계약 / 111

02 건축공사 전 사전 체크사항 / 116
- 구거의 점용허가 및 점용료에 대해 / 16
- 도로의 점용허가 및 점용료에 대해 / 117
- 개발행위허가에 대해 / 118
- 배수로에 대해 / 119
- 정화조에 대해 / 121
- 개인하수처리시설의 설치기준 / 123
- 개인하수처리시설 설치기준에 관한 세부 내용 / 124
- 상수도에 대해 / 127
- 관정의 개발에 대해 / 129
- 경계복원측량에 대해 / 132
- 전기 공급 신청 / 135

03 건축 인허가 및 도급계약 / 139
- 건축허가 또는 건축신고 / 139
- 공사도급계약 / 142

04 착공 및 토목공사 / 145
- 착공신고 / 145
- 토목공사 / 149

05 골조, 외장, 미장공사 / 161
- 골조공사 / 161
- 외장공사 / 163
- 내부 미장공사 / 178

제7장 | 소일거리와 전원생활 즐기기

01 소일거리 / 182
- 텃밭 가꾸기 / 184
- 닭이나 애완견 / 186
- 주택의 지붕을 활용한 태양광발전 / 187
- 손해평가사 / 190

02 전원 생활의 즐거움 / 193

제8장 | 건축법상 도로에 대하여

01 도로의 정의 및 관리 변천사 / 200
- 건축법상 도로의 정의 변천사 / 200
- 건축법상 도로 관리의 변천사 / 204

02 「건축법」에서 규정한 관계 법령에 따른 도로의 규정 / 207

03 「건축법」상 도로 / 216
- 반드시 너비 4미터 이상이어야 되는 「건축법」 상의 도로 / 217
- 너비 4미터 이상이 아니어도 되는 「건축법」 상의 도로 / 220
- 반드시 너비 6미터 이상이어야 되는 「건축법」 상의 도로 / 222
- 도로에 접하지 아니하여도 되는 경우 / 223
- 대지가 예정도로와 접한 경우 건축허가 가능여부 / 224
- 대지가 도로에 접해도 건축허가가 불가능한 경우 / 225
- 접도구역과 녹지(완충녹지, 경관녹지, 연결녹지) 설치지역 / 226

1장 서론

100세 시대,
어떻게 살아야 하나

　100세 시대라는 말이 회자되고 있다. 오래 살아서 좋기도 하겠지만 동시에 여러 걱정거리들이 함께 늘어가기 마련이다. 무엇을 하면서 100년을 산단 말인가. 필자의 경우, 60세까지를 '젊은 시절'이라고 한다면 가정의 평화와 자녀의 교육과 부모님 봉양을 위해 필요한 돈을 벌기 위해 열심히 직장생활을 하며 내 젊은 시절을 다 보내버렸다. 그러나 열심히 최선을 다해 살았기에 후회는 없다. 그러다 보니 어느새 나이 60을 훌쩍 넘었다. 하지만 30여 년간의 직장생활을 접고 나니 앞으로 남은 40년을 어떻게 보내야 하나 하는 질문이 뇌리를 스친다.

　그 동안의 삶에 후회는 없지만 나는 나의 후반 40년을 위해 무엇을 해놓았나를 곰곰이 생각해 본다. 나는 나를 위해 무엇을 얼마나 준비해 놓았을까? 과연 준비해 놓은 것이 있기나 한 걸까.

　많은 것들을 준비해 놓았다면 더할 나위 없이 좋겠지만 최소한 다음에서 말하는 세 가지 정도는 준비를 해두었어야 하는데 아직 못해 놓았다면 이제부터라도 준비해 보자. 물론 이미 준비를 끝낸 독자들도 있으리라 생각한다. 하지만 그들이 부럽지는 않다. 나도 하면 되니까. 남자가 은퇴 무렵 후회하게 되는 일들이 스물다섯 가지나 된다고 하지만[1] 어차피 이미 저질러진 일이니 후회할 것은 없다. 후회한들 무슨 소용이 있겠는가. 지금부터라도 잘 준비해 봐야지. 무엇부터 준비해야 할까.

제일 먼저 생각나는 것은 건강문제이다. 건강해야 돈도 필요하고 친구도 만나서 맛있는 것도 사먹으면서 놀고 취미생활이나 해외여행도 가능하며 전원생활도 즐길 수 있다. 건강을 잃고 병원이나 집안에 누워 100년을 산다한들 행복할 리 없기 때문이다. 건강을 잃으면 모두 다 잃은 것이나 다름없다. 1,000억 원을 가진들 무슨 소용이란 말인가. 그러기에 건강하게 살려면 어떻게 해야 할까 고민하게 된다.

그 다음은 경제적 문제이다. 국민연금으로 충분할까? 그럴 리가 없다. 그것마저도 언제 바닥날지 모른다는 경고음이 매스컴을 통해 자주 거론되곤 하는데 어떻게 그것으로 충분할 수 있겠는가. 노령연금이나 기초연금이 더해지면 좋겠지만 그것으로도 불충분하다. 그럼 무엇이 더 필요할까? 당연히 또 다른 수입원이 있어야 한다. 어떻게든 만들어야 한다. 내가 못 벌면 내가 노는 동안에도 대신 돈을 벌어다 줄 아바타라도 많이 만들어 놓아야 한다.

마지막으로 일할 곳이나 놀 곳이 있어야 한다. 직장 정년퇴직했다고 매일 집에서 밥만 축내고 사는 삼식이가 되어서는 결코 행복한 삶이 될 수 없다. 꼭 돈을 벌기 위한 직장이 아니어도 좋다. 평일 날 아침을 먹고 가벼운 마음으로 출근할 수 있는 사무실만 있다면 그것으로 족하다. 거기서 놀기도 하고 그동안 못 다 채운 지식을 채울 수도 있을 것이다. 게다가 가끔 용돈까지 벌 수 있다면 금상첨화다.

이 세 가지 정도만 충족된다면 만족스럽지는 않아도 비교적 행복한 노후생활을 할 수 있지 않을까 하고 생각해 본다. 필자도 위 세 가지 조건을

---

1) 한혜경, 남자가, 은퇴할 때 후회하는 스물다섯 가지, 아템포, 2015.1.9.

충족시키기 위해 운동도 열심히 하며, 시간 날 때마다 책도 열심히 보고 있다. 뇌의 노화를 늦추기 위해 수학이나 물리학 등 머리 아픈 것들도 자주 보는 편이다. 경제적으로는 먹고 살만한 정도의 준비는 해놓았고 일하고 노는 장소로 부동산중개소 사무실 하나면 족하리라 생각한다.

여기서 필자의 현재 상황을 좀 얘기하려 한다. 필자는 환갑을 조금 넘긴 나이이다. 전원생활을 꿈꾸며 귀향을 준비하던 중 친한 후배가 필자의 고향에서 부동산 개발사업을 한다고 도움을 요청해서 약 2년 동안 주말엔 농사일을 하며 그곳에 머무르다가 작년 11월 말부로 직장생활을 접고 지금은 귀촌하여 농사일과 부동산중개사 업무를 배우면서 보다 나은 미래를 준비하고 있다.

좋은 조건으로 더 일 할 수 있는 기회가 몇 차례 있었지만 적지 않은 나이에 남의 밑에 들어가 스트레스 받으면서 일 하는 게 싫어서 모두 사양했다. 지난 2020년 2월 필자가 부동산개발사업에 관한 책을 출판하자마자 코로나가 만연하는 바람에 지속적이며 상당한 수입원이었던 각종 특강 기회도 사라져 버렸으나, 다행히 2020년에 공인중개사 자격증을 취득해 놓아서 그나마 위안이 되었다.

이제 이 자격증을 써 먹을 기회가 왔다고 생각해서 충남 당진에서 부동산중개업을 하고 있는 매형 사무실에 무임승차하여 열심히 중개업을 배우고 있는 중이며 이 책의 집필과 함께 농촌생활에서 적으나마 수입원이 될 수도 있을 것 같아 손해평가사 시험도 준비 중이다. 또 지역을 방문하는 외국인들을 안내하며 친구도 사귀고 용돈도 벌어볼 수 있을 것 같아 영어·일어·중국어 관광통역안내사 시험도 준비해 보려고 역사공부와 어학공부도 열심히 하고 있다.[2)]

고향이 시골 오지인 필자는 오래 전부터 전원생활을 꿈꾸어 왔다. 고향에 정착하여 전원생활을 하려다가 여러 가지 사정으로 정착을 못하고 다시 당진에서 새로운 삶을 시작했다.

시골 출신은 나이 들면서 시골이 그리워지는 모양이다. '나는 자연인이다'를 보면 자연인이 되어 살고 싶었고, '도시어부'를 보면 바닷가 근처에 살며 낚시로 삶의 즐거움을 만끽하고 싶었고, '안 싸우면 다행이야'를 보면 무인도에서 조용히 바다 생물을 채취해 먹으면서 살고 싶은 욕망도 생겼다. 하지만 그렇게 사회와 동떨어져 사는 것은 왠지 좀 외로울 것 같다는 생각이 들었다.

사회적 동물답게 사람들과 어울리며 살아야지. 그래서 택한 게 시골 농촌이다. 40여 년을 서울 도심에서 살았으니 이제는 좀 벗어날 때도 된 듯하고, 도심 속의 교통체증과 공해 그리고 만원 전철이나 버스 안에서 길 가는 수많은 사람들과의 부딪힘이 싫기도 했다.

돈을 버는 것이 목적이 아니라 푸른 하늘과 녹색 자연을 벗 삼아 전원생활을 즐기며 적당한 사무실 공간에서 사랑방처럼 친구도 만나고 동네 사람들도 만나고 가끔씩은 중개도 해서 중개수수료도 좀 받고, 저렴하고 좋은 땅이 주변 중개사무소에 나오면 그걸 사서 농사도 적당히 지으면서 사는 삶이 목적인 것이다.

하지만 돈이 목적은 아니더라도 삶을 즐기는 데 필요한 도구가 돈이라면 필요한 만큼의 돈을 벌 수 있는 방법도 모색해 봐야 하지 않을까 생각하고 있다. 필자는 귀농할 생각은 전혀 없다. 독자들에게도 귀농을 권하고

---

2) 자격을 취득하여 지역 여행사에 등록을 해놓으면 필요시에 여행사로부터 통역안내를 의뢰받아 프리랜서로 일을 하면 되고, 일정 경력이 쌓여 단골 고객이 생기면 고객으로부터 직접 연락을 받고 통역 및 여행안내를 할 수도 있다.

싶지는 않다. 생계형 농사는 어려운 일이며 많은 노동력이 필요하고 수익을 많이 낼 수 있다고 장담하기도 어렵다. 많은 도시인들이 귀농 후 빚만 지고 후회한다고들 한다. 필자는 많은 농사를 지을 만한 기술이나 경력도 없을 뿐만 아니라 생계를 위해 농사를 지으며 노동에 찌들어 사는 것은 이제 그만하고 싶다. 그동안 직장생활을 하며 나만의 시간을 가질 여유도 없이 힘들게 열심히 살아왔기 때문이다. 귀촌하여 최소한의 농지에 농사를 지으며 농업인의 자격을 갖추고 농업인에게 주어지는 각종 혜택을 누리면서 여유로운 전원생활을 하고 싶을 따름이다.

통계청 자료를 보면 귀촌 인구가 귀농 인구에 비해 절대적으로 많다. 여기서 귀농·귀촌에 대해 조금 살펴보자.

농촌 인구의 심각한 감소로 대부분의 지자체들이 귀농·귀촌을 유도하기 위해 다양한 방면으로 노력하고 있음은 사실이다. 그러나 귀농정책은 많은 반면 절대 다수를 차지하는 귀촌하는 사람들에게 현실적으로 도움이 되는 정책은 찾아보기 힘들다는 점이 안타깝다. 우선 귀촌을 하고 나서 어느 정도 정착을 하고 귀농으로 전환할 수도 있기 때문에 귀촌에 대한 지원정책을 늘린다면 농촌인구 유입에 도움이 될 터인데도 말이다.

2022년 부산광역시사회조사에 따르면 50세 이상인 사람 중 귀농·귀촌을 희망하는 사람이 평균 17.4% 정도이고, 50세 이상인 사람들 중 월간 가구소득 300만 원 이상인 자의 귀농·귀촌 희망비율은 평균보다 25%~30% 정도 높다. 조금의 여유가 있는 사람들이 귀농·귀촌을 희망하는 것으로 보인다. 이들의 귀농·귀촌 이유를 조사한 결과, 퇴직 후 여생을 보내기 위해서라고 답한 사람이 38%, 전원생활이 좋아서라고 답한 사람이 41.9%, 농사를 짓기 위해서라고 답한 사람이 2.2%였다. 결국 약 80%는 전원생활을 즐기려는 목적의 귀촌이라고 보는 것이 옳을 것이다.

귀농을 원하는 사람은 겨우 2.2%에 불과했다.[3] 2013년~2021년까지의 귀촌인구의 연령대 구성을 보면 총 495,658명 중 29세 이하가 128,944명, 30~39세가 103,118명, 40~49세가 78,835명, 50세 이상이 184,761명으로 나타났다. 반면 동일 기간 동안의 귀농인구는 19,776명에 불과했다. 전체 귀농·귀촌인구의 3.8%만이 귀농인 셈이다. 이유는 농사를 짓는다는 게 그만큼 어려운 일이기도 하고 생각만큼 수익을 내기가 쉽지 않기 때문이다. 그러기에 필자도 독자들에게 귀농보다 귀촌을 권하는 것이다.

귀촌하여 전원생활을 하려면 필요한 게 무엇일까?

우선 좋은 땅을 골라 구입해야 한다. 그 위에 집을 짓고 살아야 하니까 말이다. 물론 임차하는 것도 가능하지만 여기서는 농지를 매입하는 것을 전제로 집필했음을 양해 바란다. 어떤 땅을 사야 하고 어떤 과정을 거쳐서 집을 지을 것인가. 귀농인가 귀촌인가. 국민연금 외의 수입원은 어떻게 마련할 것인가. 전원에서 보다 더 재미있게 살 수 있는 방법은 무엇일까.

필자는 3~4년 전부터 이러한 문제에 대해 고민을 거듭한 끝에 귀촌을 결정하였고, 귀촌 후 필요한 것들과 알아야 할 것들을 차근차근 준비해 나가는 과정에 있다. 다행히 10여 년 전에 귀촌하여 농사일과 부동산중개업 및 건설업을 함께 하고 있는 친척이 있어서 같이 동거하며 농사짓는 방법이며 부동산중개, 집 짓는 방법, 시골생활에서 필요한 다양한 지식 등도 배우고, 또 전원생활에서 어떤 즐거움이 있는지도 함께 배워나가고 있다. 이런 제반 내용들에 대해 체험하고 배우면서 터득한 것들을 장차 귀촌을 희망하는 독자들과 공유하고 싶어 이 책을 집필하게 되었다.

---

3) 통계청 홈페이지 자료 참조

이 책의 주요 내용

이 책은 전원생활을 꿈꾸는 사람들을 위한 책이다. 따라서 전원생활 또는 귀촌 – 농촌이나 산촌이나 어촌을 불문하고 어디든 도심을 벗어난 시골에서의 생활 – 의 준비 및 시작과 정착에 초점을 맞추어 집필되었음을 밝힌다.

먼저 제2장에서는 집을 짓고 텃밭으로 활용할 땅을 구입하는 것부터 알아본다. 어떻게 하면 좋은 땅을 구입할 수 있을까. 어떤 땅을 사야 집을 지을 수 있을까. 집을 짓기 위해 가장 중요하고도 필수불가결한 요소인 도로와 배수로 문제는 어떻게 점검해야 하는가. 어느 정도의 가격에 땅을 사면 좋을까. 농촌에 정착하기 전까지의 총 투입비용은 어느 정도가 적당할까 등에 대해 살펴본다.

제3장에서는 여러 가지 혜택이 많은 농업인에 대해 살펴본다. 농업인이란 어느 정도의 농지에 경작을 해야 하는지 그리고 어떻게 농업인으로 인정을 받는지, 농업인이 되면 어떤 혜택이 있는지 등을 중점적으로 살펴본다.

제4장에서는 전원생활을 준비하거나 실제 전원생활을 하면서 기본적으로 알고 있어야 할 법률지식들에 대해 살펴본다. 대지면적은 어느 정도까지 가능한지, 농지를 매입하여 경작을 하지 않으면 어떤 법적 문제가 있

는지, 집을 지을 땅은 어떻게 개발하는지, 법에서 규정하는 농막은 무엇이고 도로는 무엇인지 등에 대해 살펴본다.

제5장에서는 땅을 좀 더 저렴하게 구입하기 위한 방법으로 경매나 공매를 소개한다.

제6장에서는 실제 집을 지을 때 건축주 입장에서 알고 있으면 좋을 것 같은 토목공사 및 건축공사 내용을 순서대로 살펴본다.

제7장에서는 농촌 생활을 하면서 큰돈은 아니더라도 적으나마 수입원이 될 만한 것은 없는지 살펴본다. 텃밭을 일구어 어느 정도의 수입이 가능한지, 가축을 몇 마리 키워 수익을 창출할 수 있는지, 주택에 설치하는 태양광은 어느 정도의 비용이 들어가며 어느 정도의 수입이 가능한지, 어느 정도 수입이 가능할 것으로 보이는 손해평가사 제도에 대한 설명, 그리고 시골에서 맛보는 여러 가지 일상적 즐거움 등에 대해 살펴본다.

끝으로 제8장에서는 토지를 매입할 때는 물론이고 건축을 하기 위해서는 필수불가결한 요소인 진입도로 관련 내용을 깊이 있게 살펴본다. 이 제8장은 원래 제2장이나 제3장에 들어가야 맞는 내용이지만 법적인 내용들이 대부분이어서 독자들이 머리 아파할 것 같아 제일 뒷장에 싣는다. 하지만 매우 중요한 내용이며 독자들이 반드시 알아야 할 내용이라고 판단되므로 도로에 대해 좀 더 깊이 있게 알고자 하는 독자들은 꼼꼼히 읽어보길 바란다.

전원생활의 단맛과 쓴맛

나이 들면 귀소본능이 되살아나는 것일까. 남은 날들이라도 도심을 떠나 어릴 적 만끽했던 자연을 벗 삼아 살아갈 수 있는 시골로 돌아가 전원생활을 하고 싶은 마음이 간절해지니 말이다. 일반적으로 귀촌 또는 전원생활이라고 하면 '저 푸른 초원 위에 그림 같은 집을 짓고 사랑하는 우리 님과 한 백 년 사는 것'을 상상할 수 있으나 현실은 좀 다르다. 낯선 곳에서의 삶이 그렇게 꿈처럼 달콤하기만 하다면 얼마나 좋을까마는 실제 전원생활을 해보면 단맛과 쓴맛이 고루 잘 버무려져 있음을 곧 깨닫게 된다. 여러 장점에도 불구하고 지역주민들의 성향, 텃세, 냄새, 곤충, 동물, 편의시설, 육체노동 등 이겨내야 할 어려움들이 많다. 필자는 이 쓴맛들을 어떻게 버텨내느냐가 성공적인 전원생활의 핵심이라고 생각한다. 적자생존이라고 했던가. 새로이 정착할 지역의 여러 가지 환경에 잘 동화되고 적응하는 사람만이 즐거운 전원생활을 할 수 있다. 그러기에 독자들이 사전에 철저히 답사하고 조사한 후 마음의 결정을 하여 행복이 가득한 전원생활을 하길 바란다.

2장
집을 짓거나 텃밭으로 사용할 땅 구하기

살기 좋은 땅을 찾아서

어디가 좋을까

　퇴직 후 전원생활을 꿈꾸는 사람들이 가장 먼저 드는 생각은 어디에서 살아 볼까가 아닐까 생각한다. 필자도 아직 어디에 터전을 잡고 노후생활을 해야 할지 확실히 결정하지 못했으니 말이다.

　강원도 바닷가와 산이 가까운 곳이면 좋겠다는 생각도 했었고, 자연인처럼 살아볼 생각으로 여기저기 경치 좋고 계곡이 있는 곳을 기웃거려보기도 했고, 무인도 매입을 위해 경매시장도 기웃거려 보았으며, 이왕이면 친구들이 많고 어머님을 비롯하여 친척들이 많이 사는 고향에 터전을 잡고 여유롭게 전답을 일구며 살아볼까 고민하며 2년여를 가족과 떨어져 홀로 고향에서 직장생활 겸 전원생활도 해보았다. 하지만 사랑하는 아내 그리고 두 아들들과 떨어져 혼자 전원생활을 즐긴다는 것이 쉬운 일이 아니었다. 마치 임금이 계신 북쪽을 바라보며 임금을 그리워한다는 이름의 정자인 제주도 연북정(戀北亭)에 유배 온 사람의 느낌이랄까.

　무슨 일을 하든 그립고 외로워 즐겁지가 않았다. 그러다가 서울 집이 가깝기도 하고 친척도 살고 있어 비교적 마음 편한 수도권 같은 수도권 아닌 충남 당진에 터를 잡아볼 생각을 했다. 이런저런 호재가 많은 지역이기도 하고, 땅값이 비교적 저렴하며 집에 가고 싶으면 언제든지 한 시간 정도 달리면 도착할 수 있는 거리여서 좋았다.

독자들도 아마 필자와 비슷한 생각을 하고 있을 것이다. 하나가 좋으면 다른 하나가 걸리기 마련이다. 모든 조건을 충족할 수 있는 장소를 찾기란 쉽지 않다. 독자들이 가고 싶은 지역이 있다면 사전에 충분히 답사를 해보고 결정하길 바란다. 겉으로 보이는 것과 실제 전원생활을 하는 것은 차이가 많다. 내가 그동안 적응하며 살아왔던 환경이 아니라 모든 면에서 많이 다른 새로운 사회로 들어가는 것이기 때문이다. 사전 준비도 없이 전원생활을 꿈꾸며 호기롭게 돈부터 투자했다가 적응하지 못하고 도주하듯 빠져나와 다시 제자리로 돌아온 사람들이 많다. 즐기기 위해 왔지만 막상 전원생활을 하다보면 즐겁지 못한 일들이 의외로 많다.

모기와 각종 벌레들을 비롯하여 노루며 멧돼지들이 출몰하는가 하면 가끔은 보기만 해도 끔찍한 뱀들이 집 주변에 서성거리기도 한다. 또 시골은 도시지역과 달리 지역 색깔이 매우 강하다. 게다가 잘못된 이웃이라도 만나면 더욱 골치 아프고 짜증나며 적응이 안 된다. 따라서 독자 여러분들의 성향을 잘 파악한 후 이런저런 조건들을 따져보고 어느 지역에 정착할 것인가를 결정해야 한다. 특히 젊은 시절 시골생활 경험이 없는 사람일수록 더욱 꼼꼼히 본인에게 맞는 지역과 조건들을 따져보길 바란다.

어떻게 찾을까

지역을 결정했다면 이제 땅을 찾아야 한다. 어떻게 찾을까. 그 지역을 잘 아는 지역 공인중개사를 통해 땅을 찾아야 하며 발품을 팔아야 한다. 땅을 찾는 사람들 중 일부는 현장을 직접 방문하지 않고 인터넷으로 검색하여 부동산중개사에게 전화상으로 지번만 가르쳐 달라고 한 후 위성사진만 보고 판단하는 경우가 종종 있다.

땅을 그렇게 보아서는 안 된다. 사진과 현장은 많은 차이가 있기 때문이다. 전체적인 주변 조망은 볼 수 있을지 몰라도 현장에서 볼 수 있는 생생한 현실을 사진은 보여주지 못한다. 땅이 얼마나 높은지 얼마나 낮은지 도로 상황은 어떤지, 도로의 폭은 어떤지 주변 경관은 어떤지 등을 직접 현장에 나가 살펴보아야 한다.

본인이 원하는 지역의 공인중개사 사무소 몇 군데를 직접 방문하여 이러이러한 땅을 어느 정도의 예산 범위 내에서 구입하기 원하는데 있으면 현장을 좀 보여 달라고 한다거나, 연락처를 두고 왔다가 좋은 땅이 있다고 연락을 받으면 약속을 잡고 직접 현장을 방문하길 권한다.

경매를 통해 원하는 땅을 매입할 때도 같다. 경매 전문가들이 가장 중요시 하는 것이 임장활동인데 이것은 다름 아닌 현장을 직접 보기 위한 발품이다. 경매를 통해 땅을 매입하는 것은 전문가를 통하지 않고 본인의 책임과 판단으로 매입하기 때문에 더욱 세심한 주의를 기울여야 한다. 법원에 비치된 매각물건명세서, 현황조사서, 감정평가서를 꼼꼼히 살펴보고 분석해 보는 것도 중요하지만 현장에 나가야만 볼 수 있는 각종 리스크들도 있기 때문이다.

독자들이 가고 싶어 하는 그 지역을 잘 아는 믿을만한 공인중개사를 통해 땅을 찾고 스스로 부지런히 발품을 파는 것이 가장 안전하고 확실한 방법이 아닐까 생각한다. 또 해당 지역에 먼저 가서 살고 있는 지인이 있다면 그 지인을 통해 지역 부동산 정보를 입수할 수도 있다. 실제 지인들이 살고 있는 곳으로 귀촌하는 사례들이 많으며, 이렇게 귀촌하는 것이 가장 바람직할 수도 있다. 낯선 곳에서 같이 어울려 살 수 있다는 것만으로도 정착에 큰 도움이 될 수 있기 때문이다.

어떤 땅을 살까

어떤 땅을 살 것인가는 땅을 사는 목적에 따라 다르다. 단순히 농사 지을 목적으로 구입하는 땅이라면 지목이 전·답·과수원이면 공법상 제한사항 상관없이 구입하면 될 것이므로 크게 문제될 것은 없다. 그러나 집 지을 땅을 구입할 목적이라면 좀 세세히 살펴보아야 한다.

토지이용계획확인서를 통해 지역·지구도 잘 따져보아야 하고, 나중에 건축허가를 받기 위해서는 반드시 필요한 진입도로나 배수로가 매입할 땅에 접해 있는지도 살펴보아야 하고, 전기가 어디까지 들어와 있는지 주변 환경은 어떤지, 가까이에 혐오시설이 있지는 않은지, 생활 편의시설들은 어디만큼 있는지, 땅의 모양은 어떻고 향은 어떤지 등을 자세히 살펴보아야 혹시 모를 실수를 줄일 수 있다.

예를 들면 농림지역 중 농업진흥구역 안에서는 농업인 주택이나 농업 관련 시설 외에는 건축할 수 없음에도 불구하고 따져보지도 않고 매입을 했다면 농업인이 되기 전에는 집을 지을 수 없을 것이며 잘 해야 농막 정도 놓을 수 있을 뿐이라면[4] 낭패가 아닐 수 없다.

현장을 가 보았더니 농지가 도로보다 많이 낮은 곳에 위치해 있다면 매입 후 성토비용이 추가될 수도 있다. 지역이나 이동거리에 따라 비용이 좀 다를 수는 있겠지만 성토비용이 만만치 않다. 2023년 현재 25톤 트럭 1대 분량의 흙을 성토하는 데 드는 비용이 10만 원 정도이고, 트럭 한 대 분의 양은 13㎥ 정도이다. 4평 정도의 땅을 1미터 정도 성토할 수 있는 물량인 셈이다. 결론적으로 400평을 1미터 성토하는데 드는 비용이 약 1,000만 원 정도라는 계산이 나온다.

---

4) 농지법 제32조 제1항 참조

따라서 살려는 토지가 도로보다 낮을 경우엔 이 성토비용을 감안하여 토지 매매대금을 따져보아야 한다. 원래 성토 등을 하여 토지의 형질을 변경할 때에는 국토의 계획 및 이용에 관한 법률에 따라 개발행위허가를 받아야 하지만 경작을 위한 성토의 경우 높이 2미터 미만까지는 개발행위허가를 받지 않아도 된다.[5]

또 산을 매입하여 집을 지을 생각이라면 토지의 경사도나 입목본수 등을 잘 살펴보고 개발행위허가가 가능한 땅을 매입해야지 사놓고 개발행위허가 신청을 했더니 개발행위 불허가가 떨어져 버리면 개발 자체가 불가능하게 되어 금전적 손해가 클 것이다. 당진시의 경우 개발하려는 토지가 기준지반고를 기준으로 50미터 미만에 위치해야 하고, 경사도는 20도 미만이어야 개발행위허가가 가능하도록 되어 있다.[6]

여기서 주의할 점은 그 정도면 허가를 해 줄 가능성이 있다는 얘기지 허가를 해준다는 말은 아니라는 것이다. 나중에 공무원에게 가능하다고 해놓고 왜 안 해주냐고 따져봐야 돌아오는 답변은 뻔하다. 가능하다 그랬지 언제 해준다고 했냐고 말이다. 집을 지을 토지를 구매함에 있어서 가장 중요하다고 생각되는 진입도로에 관해서는 별도의 장에서 다루기로 하며, 배수로나 수도 및 전기, 정화조, 관정 파기 등에 대해서는 내 집 건축과정에서 자세히 설명하기로 한다.

땅을 살 때 보아야 할 서류들

땅을 살 때에 반드시 확인해야 하는 공부들이 있다. 지역·지구나 면적

---

5) 국토의 계획 및 이용에 관한 법률 제56조 및 동법 시행령 제51조 제2항 참조
6) 당진시 도시계획조례 별표1 참조

또는 개별공시지가 및 확인도면을 확인할 수 있는 토지이용계획확인서, 해당 토지의 정당한 소유자 및 권리관계를 확인할 수 있는 부동산 등기사항전부증명서, 토지대장이나 임야대장 및 건축물대장 정도는 반드시 본인이 직접 발급 받아 확인해 본 후 현장에 나가 실제 모습과 대조해 보며 지상에 무허가건축물이 있지는 않은지, 농지라면 실제 경작을 하고 있는지, 지적도 상 경계와 실제 경계가 어떻게 다른지, 지적도상 도로와 실제 도로의 위치 및 상태는 어떤지 등을 꼼꼼히 점검해 보아야 한다. 토지대장이나 임야대장, 건축물대장은 정부24 홈페이지에 들어가면 무료로 열람할 수 있도록 되어 있고, 토지이용계획확인서는 토지이음 홈페이지에 들어가면 손쉽게 찾아볼 수 있도록 되어 있으므로 참조 바란다. 또 혹시 내가 산 토지가 문화재 유존지역이거나 주변에 문화재가 있으면 후일 문제의 소지가 있을 수 있으므로 토지를 매입하기 전에 문화재청 홈페이지에 들어가 문화재공간정보서비스를 이용하여 한번쯤 검색해 보길 권한다. 한편 농지를 취득하려는 자는 반드시 농지취득자격증명을 발급 받도록 되어 있으며[7], 매입한 후 소유권이전등기를 할 때에도 반드시 첨부해야 하는 서류이므로[8] 본인이 농지취득자격증명을 발급 받을 수 있는지를 먼저 확인하는 것이 안전하다. 간혹 농지의 매매계약에서 매수인이 부동산 투기경력이 있다거나 투기로 의심할만한 농지 취득의 이력이 있을 경우 등 농지취득자격증명을 발급 받지 못해 매매계약이 해제되는 경우가 있으며 이로 인해 불측의 손해가 발생할 수도 있으므로 주의를 요한다.

---

[7] 농지법 제8조, 농지법 시행령 제7조 및 농지취득자격증명발급심사요령 참조
[8] 농지의 소유권이전등기에 관한 사무처리지침(등기예규 제1635호) 참조

초기 정착비용과 농지분할

어느 정도의 초기비용이 적당할까

농촌에 약 500평 정도의 땅을 사서 100평의 대지 위에 집을 짓고 320평 정도의 텃밭을 일구며 나머지 땅엔 가축을 조금 기른다고 가정할 때 어느 정도의 초기 정착 비용이 적당할까. 그 지역의 땅 시세나 건축비 또는 주택의 시공방법이나 마감자재 또는 개인의 취향에 따라 많은 차이가 있겠으나 필자가 머무는 충남 당진의 경우를 예로 들어, 2023년 3월을 기준으로 필자의 생각을 적어보고자 한다.

필자는 호화주택을 짓고 동네 시끄럽게 떵떵거리며 호화롭게 살자고 농촌을 택한 것이 아니다. 자동차나 사람들이 북적대는 도시가 아닌 곳에서 여유롭게 전원생활을 즐기면서 농사일도 하고 시골에서만 맛볼 수 있는 정겨움을 맛보면서 조금의 취미생활을 할 수 있을 정도의 수입원만 있다면 좋겠다는 생각으로 농촌을 택했다. 따라서 비싼 땅에 비싼 집을 원하지도 않는다. 토지비와 건축비의 합계액이 2억 원 내외 정도라면 적당하지 않을까 생각한다.

토지는 집을 지을 수 있는 땅으로 평당 20~25만원 선에서 500평 정도를 매입하고, 건축비는 평당 450만 원에 20~25평 정도의 집을 짓는다면 그 정도의 금액이 필요할 것이다. 매입하는 토지의 면적이나 주택의 건축면적에 따라 약간의 차이는 있겠으나 귀촌을 위한 초기비용으로 2억5천만 원을 넘기는 것은 권장할만한 일은 아니라고 생각한다.

통계청에서 2019년~2021년 사이에 조사한 '귀촌 시 사용한 정착자금' 자료를 보면, 평균적으로 1억6천만 원을 조금 하회하고 있음을 볼 수 있으며, 이들 금액 중 80~90%는 주택마련비용과 생활비이다. 올해가 2023년이므로 그간의 물가상승을 감안하더라도 정착 초기비용으로 2억5천만 원을 넘기는 것은 과용이라고 생각한다.

농지의 분할 및 절차

마음이 서로 맞아 함께 공동생활을 하고 싶은 사람들과 면적이 좀 큰 땅을 공유로 매입하는 경우를 종종 본다.[9]

필자는 누군가와 공유로 땅을 사는 것은 사실 말리고 싶다. 공유로 땅을 샀다가 서로 마음이 맞지 않아 개발을 아예 못하는 경우가 많기 때문이다. 집을 짓기 위해 농지를 공유로 매입했다가 집도 짓지 못하고 농사도 짓지 못할 경우 자칫 농지처분명령 대상이 되거나 이행강제금 부과대상이 될 수도 있어 하는 수 없이 주변 동네사람에게 농사 좀 지어달라고 부탁을 하는 경우도 있다. 주의할 일이다. 사정상 어쩔 수 없이 공유로 땅을 샀다면 건축을 위해 농지를 분할해야 하는데 무조건 분할 할 수 있는 것이 아니라 다음과 같은 경우엔 개발행위허가를 받아 분할할 수 있다.[10] 다만 건축물이 있는 대지는 건축법에 따라 최소 분할면적의 적용을 받으며[11] 건축물이 분할 경계선에 걸리는 경우엔 분할 자체가 안 된다. 공유로 산 토지

---

9) 농지법 제22조 제3항에 따르면 농지 1필지를 7인 이상 공유하는 것은 금지하고 있다.
10) 국토의 계획 및 이용에 관한 법률 시행령 제51조 참조
11) 건축법 제57조 및 동법 시행령 제80조. 지자체마다 달리 규정할 수도 있으므로 반드시 해

를 분할 할 때 제일 문제가 되는 것이 위치와 진입도로이다. 서로 좋은 위치를 차지하려고 하기 때문이다. 위치에 따라 평가금액을 달리하여 형평성에 맞게 면적을 분배하고, 진입도로는 같은 지분으로 공유하는 것이 가장 바람직하리라 생각한다.

① 녹지지역·관리지역·농림지역 및 자연환경보전지역 안에서 관계 법령에 따른 허가·인가 등을 받지 아니하고 행하는 토지의 분할
② 건축법 제57조 제1항에 따른 분할제한면적 미만으로의 토지의 분할
③ 관계 법령에 의한 허가·인가 등을 받지 아니하고 행하는 너비 5미터 이하로의 토지의 분할

이 규정에 따르면 지상에 건축물만 없다면 개발행위허가를 받아 독자가 원하는 면적으로 얼마든지 분할이 가능하다는 것으로 보인다. 다만, 농업생산기반정비사업이 시행된 농지는 다음과 같은 경우에 한하여 분할할 수 있다.[12]

① 국토의 계획 및 이용에 관한 법률에 따른 도시지역의 주거지역·상업지역·공업지역 또는 도시·군계획시설 부지에 포함되어 있는 농지를 분할하는 경우
② 농지전용허가를 받거나 농지전용신고를 하고 전용한 농지를 분할하는 경우
③ 분할 후의 각 필지의 면적이 2천 제곱미터를 넘도록 분할하는 경우
④ 농지의 개량, 농지의 교환·분합 등 대통령령으로 정하는 사유로

당 지자체의 건축조례를 살펴보아야 한다.
12) 국토의 계획 및 이용에 관한 법률 제56조 및 농지법 제22조 참조
13) 농지법 시행령 제23조 참조

분할하는 경우[13]

여기서 말하는 농업생산기반정비사업이 시행된 농지란 경지정리가 된 것으로 통상 농업진흥구역으로 지정된 농지를 말하며, 행위제한이 매우 심하기 때문에 농사를 목적으로 하지 않는 한 가능하면 매입을 피하는 것이 좋으리라 생각한다.

이제 농지의 분할절차를 살펴보자

우선 분할대상 토지가 있는 시·군·구의 지적과를 찾아가 분할 목적 등을 설명하고 분할이 가능한지 여부와 개발행위를 받아야 하는지를 문의하여야 한다. 개발행위허가가 필요한 분할이면 개발행위허가를 신청하고 그렇지 않으면 바로 지적측량 공식 기관인 한국국토정보공사 직원을 안내 받아 측량신청을 하면 된다. 특정 경계를 기준으로 분할을 할 것인지 아니면 특정 면적으로 분할을 할 것인지 등에 관해 의사결정을 한 후 매매계약서나 지적도 등 필요서류를 갖추어 분할측량을 접수하면 된다. 접수 후 측량수수료를 납부하면 대략적인 측량일자를 알려주는데 특별히 바쁘지 않다면 대략 접수 2~3일 후면 측량일자가 잡힌다. 측량 수수료는 면적과 개별공시지가 등에 따라 차등을 두고 있으며 자세한 사항은 지적측량바로처리센타 홈페이지에 자세히 설명되어 있으니 참조 바란다. 측량 시 상호 문의사항이 있을 수 있으므로 가능하면 현장에 나가 측량 상황을 지켜보는 것이 좋으리라 생각한다. 측량이 완료되면 한국국토정보공사는 분할측량성과도를 해당 지자체 지적과에 제출하면서 지적공부 정리신청을 하게 되며, 해당 지자체는 토지대장과 지적도를 작성하게 된다. 해당 지자체가 토지대장 기재를 완료한 후에는 관할 등기소에 등기를 촉탁하여 등기를 완

료함으로써 분할절차가 종료되게 된다.[14]

마을 주민과의 동화

말이 전원생활이지 삶의 터전을 옮긴다는 것이 쉬운 일은 아니다. 모든 게 낯설기 때문이다. 주거환경으로부터 시작하여 삶의 방식, 대화방식, 말투, 사고방식, 이웃들과의 소통방식 등 모든 것이 그동안 독자들이 살아온 방식과는 많이 다르다는 점을 명심해야 한다.

농촌의 모든 일과 행사가 마을이나 리 단위로 이루어지기에 나 홀로 인가와 멀리 떨어져 살아도 어느 마을엔가 속하기 마련이다. 그러기에 로마에 가면 로마법을 따르라고 했듯이 독자들이 정착하고 싶은 그 지역의 정서를 사전에 파악하고 거기에 맞추어 살아갈 마음의 결심을 해야 한다. 그렇지 않으면 여러모로 괴롭고 힘들다. 나는 그렇게 살지 않았는데, 내 생각은 그렇지 않은데, 우리 지역에서는 그렇지 않은데 등등 구구절절 불평을 하며 살려고 전원생활을 택한 것은 아니지 않는가.

최대한 양보하고 이해하며 이웃과 어울려 살아야 여유롭고 즐겁고 마음 편한 전원생활이 될 것이다. 토지를 매입하기 위해 그 지역 부동산공인중개사 사무소를 방문할 때에도 유의할 점이 있다. 대부분 그곳이 고향인 분들이라 토지 매매 과정에서나 후일 그 지역에 정착하게 될 경우 토박이 공인중개사의 도움을 받을 일이 많이 생길 수 있기 때문에 처음부터 관계 설정을 잘 하여야 한다. 농촌의 경우 어느 마을이나 강하게 텃새를 부리는 사람이 있기 마련이며, 이들과 다툼이 생기거나 불미스러운 일이 생길 경우에 이들 사이에서 중재해줄 수 있는 사람은 토박이밖에 없다는 점을 간

---

14) 공간정보의 구축 및 관리 등에 관한 법률 제79조 및 89조 참조

과해서는 안 된다. 최근 필자가 살고 있는 지역에 농지를 매입한 사람이 있었는데 중개를 한 공인중개사에게 이런저런 불평불만을 늘어놓았다고 한다.

문제는 잘 해결되었지만 그 공인중개사는 앞으로 마을에서 농사를 지으려면 문제가 많을 터인데 저런 사람은 어려운 일이 생겨도 도와줄 필요도 없고 스스로 동네 쓴맛을 좀 봐야 정신 차릴 거라고 얘기하는 것을 들었다. 물론 농담으로 하는 얘기였겠지만 말이다. 귀촌하여 살다가 중간에 더 이상 버티지 못하고 다시 도시로 떠난 사람들의 대부분은 그 지역 주민들에게 동화되지 못해 힘들고 외로워서 떠난다고 한다.

기존에 터전을 잡고 살아가던 농촌 주민들의 입장을 한번 생각해보자. 많아야 두 세 가구의 주민이 조용히 주변 국공유지를 마음대로 활용하며 살던 계곡에 어느 날 갑자기 도시 사람들이 들어와 땅을 매입하고 집을 짓겠다고 포크레인이며 덤프트럭들이 오가며 마을 시끄럽게 한다면 좋아할 리가 없지 않겠는가.

도시에서 귀촌하는 사람들이 그들에게 먼저 다가서서 이해하고 미안한 마음을 갖는 역지사지의 자세가 필요한 이유이다. 30여 년 이상 건설회사에서 영업활동을 하며 수많은 유형의 사람들을 만나 온 필자도 새로운 삶의 터전이 아직은 많이 낯설어 적응해 보려고 부단히 노력하는 중이다.

공동이나 공유의 함정

필자가 독자들에게 꼭 당부하고 싶은 것이 있다. 불가피한 경우가 아니라면 아무리 동기가 좋을지라도 사업이든 토지 매입이든 절대 누구와 공동이나 공유로 하지 말라는 것이다. 종국에는 거의 필연적으로 서로의 생각이 처음과 달라져서 싸움으로 번지거나 송사에 휘말리기 때문이다. 필자는 어린 시절에 이미 이들의 함정을 쓰라리게 경험했다. 고등학교 시절, 어느 날 자취를 하고 있던 친한 친구가 비용을 분담하고 자취생활을 함께 하자고 했다. 통학거리가 멀었던 필자로서는 고마운 마음으로 그러자고 했고 곧 함께 자취를 하게 되었다. 서로를 이해하고 양보하며 공동생활을 할 수 있을 거라는 처음의 기대는 곧 산산조각이 났다. 그 친구는 귀가 후 바로 드러누워 아무 일도 하지 않았기에 내가 연탄불 갈고, 밥 하고, 청소를 해야 했다. 게다가 입시공부를 하고 있는 나에게 잠자는데 방해된다고 소등을 하라고 했다. 난 하는 수 없이 매일 밤 자취방을 떠나 독서실에서 입시준비를 하는 수밖에 없었다. 이 일 이후 필자는 다짐했다. 아무리 친한 사람의 부탁일지라도 무슨 일을 공동이나 공유로 하지 않겠노라고. 지금도 마찬가지고 앞으로도 그럴 것이다.

3장
농업인이 되면 받을 수 있는 각종 혜택

농업인의 자격

나는 귀농이 아니라 귀촌인데 왜 농업인에 대해 얘기하냐고 반문할 수도 있다. 하지만 귀촌을 하게 되면 집 짓고 주변에 텃밭 가꾸는 게 일반적이며 이 텃밭의 면적이 1,000제곱미터 이상만 되면 농업인이 될 수 있다. 꼭 한 필지의 농지가 1,000제곱미터가 되어야 하는 것은 아니고 전체 경작 면적이 그 이상이면 되므로 텃밭의 면적이 조금 좁아 농업인이 될 수 없을 경우엔, 다른 곳에 땅을 조금 더 사서 1,000제곱미터 이상을 만들어 농사지으면 된다. 아래에서 살펴보겠지만 농업인에게 주어지는 혜택들이 적지 않기 때문에 귀촌하여 전원생활을 즐기는 것도 좋지만 조금 노력하여 농업인 자격을 갖추고 주어진 혜택을 누리면서 전원생활을 하길 권한다.

누가 농업인인가

필자는 적든 많든 농사만 지으면 다 농업인인 줄 알았더니 그게 아니었다. 귀촌에 관심있고 농사만 지으면 다 자동으로 농업인이 되는 것으로 아는 사람이 많을 것이다. 사실은 그렇지가 않다. 그렇다면 누가 농업인인가? 관련법을 한번 보자. 농지법시행령에서는 농업에 종사하는 개인으로서의 농업인을 다음과 같이 정의하고 있다.[15]

---

15) 농지법시행령 제3조 참조

① 1천 제곱미터 이상의 농지에서 농작물 또는 다년생식물을 경작 또는 재배하거나 1년 중 90일 이상 농업에 종사하는 자
② 농지에 330제곱미터 이상의 고정식온실·버섯재배사·비닐하우스, 그 밖의 농림축산식품부령으로 정하는 농업생산에 필요한 시설을 설치하여 농작물 또는 다년생식물을 경작 또는 재배하는 자
③ 대가축 2두, 중가축 10두, 소가축 100두, 가금(家禽: 집에서 기르는 날짐승) 1천수 또는 꿀벌 10군 이상을 사육하거나 1년 중 120일 이상 축산업에 종사하는 자
④ 농업경영을 통한 농산물의 연간 판매액이 120만 원 이상인 자

위 네 가지 조건을 모두 충족하여야 농업인이 되는 것은 아니고 이들 중 하나만 충족해도 농업인이 될 수 있다. 위 정의에 따른 농업인이면 농업인이 받을 수 있는 혜택을 받을 수 있을까. 일부는 받을 수 있다. 그러나 각종 혜택의 구체적인 내막을 살펴보면 농업인임을 입증하는 절차가 좀 까다롭다. 각종 혜택을 주기 위해서는 농업인임을 확인하는 절차를 거치는데 국립농산물품질관리원의 지원장 및 사무소장이 확인하도록 되어 있고, 농업인 확인서 발급규정 제4조에 따르면[16], 농업인임을 확인하는 기준은 다음과 같다.

① 농업경영정보를 등록한 자
② 1천 제곱미터 이상의 농지에 대한 농지대장등본을 교부받아 제출한 사람
③ 1천 제곱미터 이상의 농지에 대한 대리경작자지정 통지서를 제출한 사람
④ 1천 제곱미터 이상의 농지에 대한 임대차계약 또는 사용대차계약을 체결하고 서면 계약서를 제출한 사람

농업인임을 확인하는 국립농산물품질관리원장은 누구일까. 관련법에 따르면 농어업·농어촌에 관련된 융자·보조금 등을 지원받으려는 농어

---
16) 농림축산식품부 고시 제2022-57호. 관련 내용은 더 있으나 필요한 것만 발췌한다.
17) 농업경영체란 농업인과 농업법인을 말한다. 농어업경영체 육성 및 지원에 관한 법률 제2조 참조

업경영체는 다음 각 호의 사항을 등록하여야 한다.[17]

이 등록 절차를 진행하고 필요시 증명서를 발급해 주는 사람이 국립농산물품질관리원장이다. 무슨 말을 하려고 이렇게 장황하게 설명할까 궁금할 것이다. 각설하고, 농업인에게 주어지는 각종 혜택을 받으려면 농지대장도 만들고 농업경영체 등록도 해두어야 손쉽다는 얘기다.[18]

농지대장은 관할 시·구·읍·면사무소에 신청하여 등록하면 되고, 농업경영체는 관할 농산물품질관리원에 신청하여 등록하면 된다. 농업경영체 등록 시 주의할 점은 내가 경작하는 전답의 경계가 분명해야 하고, 직접 경작하고 있음을 증명해야 한다는 점이다.

실제 경작면적이 1,000제곱미터 이상인지를 국립농산물품질관리원에서 직접 농사를 짓고 있는 현장에 나와 확인하므로 농작물이 한창 자라는 시기에 등록 신청을 해야 하며, 공부상 면적이 아닌 실제 경작면적을 측정한다는 점을 유의해야 한다.[19]

필자는 약 500평 정도의 땅을 사서 집을 짓고 1,000 제곱미터 조금 넘는 텃밭을 일구며 농지대장을 만들고 농업경영체 등록을 하는 것이 1차 목표이다. 왜 그럴까. 이렇게 해두어야 당당히 농업인 대접을 받고 농업인으로서의 혜택을 누릴 수 있기 때문이다.

위 내용을 보면 알겠지만 농지를 매입하지 않고 임차나 사용대차를 하여도 직접 농사만 짓는다면 농업인의 혜택을 누릴 수 있으므로 금전적으로 사정이 여의치 않다면 이런 방식으로 농업인 자격을 갖춘 후 농지를 구입하는 것도 좋은 방법이라 생각한다. 자기 소유가 아니더라도 2년 이상

---

18) 과거엔 농지원부라고 하였으나 2022년 5월 9일 농지법시행령이 개정되어 농지원부라는 용어를 농지대장으로 변경하였다. 농지법시행령 2022년 5월 9일자 부칙 참조
19) 필자의 경험에 의하면 농지에 씨앗만 뿌려 놓았다고 경작으로 인정하는 것이 아니라 싹이 터서 식물이 실제 자라고 있어야 경작으로 인정해 준다. 그러기에 농작물이 한창 자라는 시기에 등록신청을 해야 하는 것이다.

만 직접 경작하면 이후 구입하는 농지의 취득세를 50%나 감면해주기 때문이다.[20]

다만 아무 농지나 임차할 수 있는 것이 아니고 농지를 임차 또는 사용대차 할 경우엔 농지법에 따른 제한사항이 이들 요건에 맞는지를 확인한 후 임차 등을 하여야 할 것이다.[21]

필자도 상황이 되는 대로 임차든 매입이든 최대한 빠른 시일 내에 농업인 자격을 갖추려고 기회만 엿보고 있다. 참고로 현지 부동산중개사나 농업인들의 얘기에 의하면, 농지를 임차할 경우 임차료는 평당 1,000원~1,500원 선에서 결정되는 것으로 보인다.

---

[20] 지방세특례제한법 제6조 참조. 현재는 2023년 12월 31일까지만 유효한 한시법이긴 하나 계속 연장될 것이라 생각한다. 농지 취득 시 취득세의 감면에 대해서는 조건에 따라 약간의 차이가 있으므로 취득세 감면 부분을 설명할 때 다시 구체적으로 살펴보기로 한다.
[21] 농지법 제23조 참조

농업인의 혜택

농업인에게는 어떤 혜택이 있는가

어떤 혜택이 있어 필자가 하루 빨리 농업인이 되려는 걸까. 필자의 생각에 가장 큰 혜택은 농지의 양도소득세 감면과 농지연금 신청자격 및 의료보험료 지원이 아닐까 생각한다. 이들에 대해 순서대로 먼저 살펴본다.

1) 양도소득세 감면

농지를 사서 농사를 짓다 보면 땅값이 오르지 말라는 보장이 없다. 필자가 거주하고 있는 당진의 경우도 최근 2~3년 사이에 거의 두 배는 오른 것 같아 보인다. 이런 농지를 팔 경우 양도소득이 만만치 않을 것이며 그에 따른 양도소득세 또한 적지 않을 것이다. 상황이 농지를 양도하지 않을 수 없어서 하는 수 없이 팔아야 하는데 양도소득세로 다 나가면 무슨 낙이 있단 말인가. 절세를 해 보자. 농지 관련 양도소득세의 감면에 대해서는 조세특례제한법에 명시되어 있다.[22]

법 조항을 살펴보면 농지 소재지에 거주하는 대통령령으로 정하는 거

---

22) 조세특례제한법 제69조 및 동법 시행령 제66조 참조

주자가 8년 이상 대통령령으로 정하는 방법으로 직접 경작한 토지 중 대통령령으로 정하는 토지의 양도로 인하여 발생하는 소득에 대해서는 양도소득세의 100분의 100에 상당하는 세액을 감면한다고 규정하고 있다. 다만 이 규정을 적용 받으려면 대통령령으로 정하는 바에 따라 감면신청을 하여야 한다. 동법 시행령에서는 "농지소재지에 거주하는 대통령령으로 정하는 거주자"란 8년 이상 다음 각 호의 어느 하나에 해당하는 지역에 거주하면서 해당 농지를 경작한 자로서 농지 양도일 현재 「소득세법」 제1조의2 제1항 제1호에 따른 거주자인 자를 말한다.[23]

① 농지가 소재하는 시·군·구(자치구인 구)안의 지역
② 위 제1호의 지역과 연접한 시·군·구안의 지역
③ 해당 농지로부터 직선거리 30킬로미터 이내의 지역

'대통령령으로 정하는 토지'란 취득한 때부터 양도할 때까지 8년 이상 본인이 경작한 사실이 있는 농지를 말한다. 한편 사업소득금액과 근로소득금액의 합계액이 연간 3,700만 원 이상인 기간이 있는 경우 그 기간은 자경기간에서 제외되므로 주의해야 한다.[24] 감면 받을 양도소득세액의 합계액이 과세기간별로 1억 원을 초과한 경우나 5개 과세기간의 감면 받을 양도소득세액의 합계액이 2억 원이 초과되는 경우 그 초과 부분에 상당한 금액은 과세를 하겠다는 규정이 있긴 하나[25] 농지에서 그 정도의 양도소득을 얻는다는 것이 쉽지 않고 그 이상의 양도소득을 얻었다면 감면 받을 것 받고 나머지는 세금을 내는 것도 기분 좋은 일 아닐까 생각한다.

---

[23] 소득세법에 따른 거주자란 국내에 주소를 두거나 183일 이상의 거소(居所)를 둔 개인을 말한다.
[24] 조세특례제한법 시행령 제66조 제14항 참조. 여기서는 이 책의 집필 의도에 적합한 내용만을 간추린 것이므로 더욱 자세한 사항을 알고 싶은 독자는 해당 법령을 참조하기 바란다.
[25] 조세특례제한법 제133조 참조

2) 농지연금

필자가 농촌에서 생활하자고 한 가장 큰 이유 중 하나는 바로 이 농지연금을 신청할 수 있는 자격을 얻기 위해서였다.

농업인만이 신청할 수 있는 연금이기 때문이다. 경매를 통해 농지를 싸게 살 수 있다면 농지연금 신청 시 감정평가나 공시가격을 기준으로 연금을 지급한다 하더라도 투자금액에 대비하면 유리한 조건으로 연금을 받을 수 있다고 생각하기 때문이다. 물론 싸게 사서 비싸게 팔 수 있다면 어떤 방법으로든 이득을 취할 수는 있겠지만 일정 기간 이내에 양도할 경우 양도소득세 문제가 걸린다. 필자는 적어도 5년 이상은 경매나 공매 등을 통해 매입한 땅을 자경을 하며, 전원생활을 즐긴 후 농지연금 신청을 하려는 생각으로 귀촌한 것이다.

예를 들어 경매를 통해 농지를 감정평가금액의 75%에 매입했다고 가정해 보자. 매입 이후 5년간 경작을 하고 농지연금을 신청할 때에 위 농지의 매입 시의 감정평가금액보다 10%만 높게 감정을 받아도 내 입장에서는 47%의 수익을 보장 받는 것이다. 충분히 개연성이 높은 가정이며 5년이라는 기간이 경과했기 때문에 오히려 그보다 더 높은 감정가가 나올 수도 있을 것이다.

여기서 주의할 점이 한 가지 있다. 농지연금을 많이 받는 것은 좋으나 후일 연금 수급기간이 만료되어 양도를 할 경우의 세금 문제이다. 당연히 양도차익에 대해 양도소득세가 부과될 것이기 때문이다. 따라서 가능하면 8년 이상 자경을 한 후 농지연금을 신청하는 것이 절세에 유리하리라 생각한다.

농지연금에 대해서는 인터넷에 많은 자료들이 산재해 있으나 정확하지 않은 정보들이 많아 관련 법령들과 자료들을 직접 찾아서 정리해 보기로 했다.

농지연금은 한국농어촌공사 및 농지관리기금법과 동법 시행령 및 시행규칙의 적용을 받는다. 농지연금에 대한 자세한 내용은 한국농어촌공사 홈페이지에 들어가 공사소개란〉법령 및 내규〉지침·요령 부분에 게재되어 있으며 2022년 10월 5일자로 개정된 '농지연금 업무처리 요령'이라는 문서에 자세히 설명되어 있다. 124페이지의 분량으로 매우 자세히 소개하고 있으므로 농지연금에 관심이 있는 독자들에게는 좋은 참고자료가 되리라 생각한다. 이 업무처리 요령에서 소개하고 있는 농지연금에 대한 주요 내용을 살펴보면 다음과 같다.

가. 신청자의 자격 및 요건

농지연금을 신청하는 자는 다음과 같은 요건을 모두 갖추어야 한다.

① 연령 : 신청연도 말일 기준으로 신청인이 만 60세 이상일 것. 단, 배우자가 만 60세 이상의 경우 배우자 승계 조건으로의 가입여부는 가입자가 약정 시 배우자의 동의를 거쳐 선택할 수 있으며 배우자가 만 60세 미만일 경우에는 비승계 조건으로 가입하여야 한다. 여기서 비승계란 가입자 사망 후 배우자에게 연금을 승계하지 않는 것을 말하며, 배우자는 신청인과 법률혼 관계에 있는 배우자를 말한다. 연령은 주민등록상 생년월일을 기준으로 적용한다.

② 영농경력 : 신청인의 영농경력은 5년 이상이어야 한다. 농지연금 신청일 기준으로부터 과거 5년 이상 영농경력 조건을 갖추어야 하며, 영농경력은 신청일 직전 연속적일 필요는 없으며 전체 영농기간 중 합산하여 5년 이상이면 된다.

5년 이상 영농을 했다는 영농경력의 증명은 어떻게 하면 될까? 상기 한국농어촌공사의 업무처리 요령을 보면, 영농경력 5년 이상 여부는 농업경영체 등록확인서로 확인한다. 다만 영농경영체 등록확인서로 영농경력 확인이 곤란한 경우에는 농지대장, 한국농어촌공사에서 규정한 별지 서식인 '영농경력 사실 확인서'에 이장이나 통장의 확인, 농협조합원 가입증명서, 국민연금 보험료 가입안내 내역서, 직불금 지급자료 등으로 확인 받도록 되어 있다.

나. 담보농지의 요건

담보로 제공할 농지는 농지연금 신청일 현재 다음의 요건을 모두 충족하여야 한다.

① 「농지법」상의 농지 중 공부상 지목이 전·답·과수원으로서 연금신청자가 소유하고 있고 실제 영농에 이용되고 있는 농지일 것. 지목이 농지가 아닌 경우에는 농지로 변경하여 신청할 수 있다.

② 연금신청자가 2년 이상 보유한 농지일 것. 상속받은 농지일 경우에는 피상속인의 보유기간이 포함된다.

③ 연금신청자의 주소지(주민등록상 주소지 기준)를 담보농지가 소재하는 시·군·구 및 그와 연접한 시·군·구 안에 두거나 주소지와 담보농지까지 직선거리가 30km 이내 지역에 위치하고 있는 농지일 것

다. 담보농지에서 제외되는 농지

담보로 제공할 농지가 다음과 같은 농지일 경우에는 농지연금을 신청할 수 없다.

① 해당 농지에 압류, 가압류, 가처분, 가등기, 제한물권 등 소유권 이

외의 권리가 설정되어 있는 경우. 단, 해당 농지에 제한물권이 이미 설정되어 있는 경우 그 채권최고액이 담보농지 가격(약정체결 당시의 농지가격으로 공시지가나 감정평가금액을 말함)의 100분의 15미만인 경우에는 담보로 제공할 수 있다.

② 농업용 목적이 아닌 시설 및 불법건축물 등이 설치되어 있는 농지(분묘, 농가주택 등이 있는 농지는 해당면적을 제외하고 농지면적 산정)

③ 2인 이상이 공동으로 소유하고 있는 농지(다만, 부부가 공동으로 소유하고 있는 농지는 부부 중 1인이 전체면적으로만 신청 가능)

④ 농지연금 신청 당시 각종 개발지역(구역)으로 지정 및 시행(인가) 고시되어 개발계획이 확정된 지역(구역)의 농지(각종 개발계획의 시행이 확정되지 않은 예정지역의 농지는 농지연금 신청이 가능하나 연금수급기간 중 농지연금 지급정지 및 채권회수가 될 수 있음)

⑤ 2018년 1월 1일 이후 경매 및 공매(경매·공매 후 매매 및 증여 포함)를 원인으로 취득한 농지(단, 농지연금 신청일 현재 신청인의 담보농지 보유기간이 2년 이상이면서 담보농지가 소재하는 시·군·구 및 그와 연접한 시·군·구 또는 담보농지까지 직선거리가 30km 내에 신청인이 거주(주민등록상 주소지 기준)하는 경우 담보가능)

라. 담보농지 가격의 평가

농지연금 월지급금 산출을 위한 담보농지의 가격은 「부동산가격 공시에 관한 법률」에 따른 개별공시지가 또는 「감정평가 및 감정평가사에 관한 법률」에 따른 감정평가 가격에 평가율과 농지면적을 곱하여 산출하고 있으며, 평가율은 개별공시지가의 경우 100%, 감정평가의 경우 90%를 적용한다. 가격평가는 필지별로 산정하며, 과수목과 농업용 시설(고정식

온실, 버섯재배사, 비닐하우스, 축사 등)에 대하여는 농지가격 평가대상에서 제외하고 있다.

① 개별공시지가에 의한 가격결정 : 일사편리 부동산정보통합열람 또는 부동산공시가격알리미의 개별공시지가 자료로 확인한다. 다만 인터넷 자료가 공개되지 않거나 데이터오류 등의 경우는 「부동산종합증명서」에 기재된 ㎡당 가격으로 확인한다. 평가 기준일 현재 「부동산가격 공시에 관한 법률」에 따른 개별공시지가가 누락 등으로 결정·공시되지 않은 농지에 대하여는 시장·군수·구청장에게 개별공시지가의 결정·공시를 의뢰하여 당해 농지에 대한 개별공시지가를 통보받아 평가하도록 되어 있다. 이렇게 확인된 가격 범위 내에서 한국농어촌공사와 농지소유자 간 필지별로 합의된 금액이 최종 가격이 된다.

② 감정평가에 의한 가격결정 : 「감정평가 및 감정평가사에 관한 법률」에 의한 필지별 감정평가금액에 평가율 100%를 적용한 범위 내에서 한국농어촌공사와 농지소유자 간에 필지별로 합의된 금액으로 결정한다. 한국농어촌공사의 내부 결정절차를 보면 다음과 같다.

- 감정평가 금액이 공시지가의 2.0배 이하 : 지사심의 후 지원여부 결정
- 감정평가 금액이 공시지가의 2.0배 초과~3.0배 이하 : 지사심의 후 지역본부심의회 심의요청 ⇒ 지역본부 심의회개최 ⇒ 심의결과통보 ⇒ 지원여부 결정
- 감정평가 금액이 공시지가의 3.0배 초과 : 지사심의 후 본사심의회 심의 요청 ⇒ 본사 심의회 개최 ⇒ 심의결과통보 ⇒ 지원여부 결정
- 월지급금 지급방식 및 지급대상자

월지급액의 상한은 300만원이며, 대출금의 금리는 고정금리와 변동금리가 있으며 고정금리의 경우 연 2%이다. 지급방식 및 지급대상은 다음과 같다.

① 지급방식 및 가입가능 연령 : 지급방식에는 종신형과 기간형이 있고, 종신형의 경우 만 60세 이상이면 가입할 수 있으나 기간형의 경우 5년형은 만 78세, 10년형의 경우 만 73세, 15년형의 경우 만 68세 이상이어야 가입할 수 있다.

② 지급대상자 : 한국농어촌공사와 농지연금 지원약정을 체결한 농업인이 수령하고, 이 농업인이 사망할 경우 사망한 날부터 6개월 이내에 담보농지의 소유권 이전등기 및 농지연금채무의 인수를 승낙하거나 인수를 마친 배우자가 수령하게 된다. 여기에서의 배우자는 농업인이 농지연금의 지원을 신청한 연도의 말일을 기준으로 만60세 이상으로 가입 당시 승계조건으로 가입하고 농지연금 지원에 관한 약정을 체결할 당시부터 계속하여 한국농어촌공사와 농지연금지원약정을 체결한 농업인과 혼인관계에 있는 배우자를 말한다.

바. 변제재원

만기 시에 무슨 돈으로 농지연금채무액을 갚아야 하나 고민될 수 있는데 고민할 필요는 없다. 연금 신청 시에 대상 토지에 근저당을 설정하게 되는데 이 근저당으로 담보되는 농지연금채권의 행사는 담보농지에 대하여만 행사할 수 있도록 되어 있기 때문이다.

즉, 농지연금채무액을 상환하지 못하면 농지를 처분(경매 등)하여 상환하게 되며, 만약 농지처분금액(경매 낙찰금액)으로 농지연금채무액을 갚고 남으면 농지연금수급자나 상속인이 돌려받고 농지처분금액으로 농지연금채무액을 갚고 부족하더라도 본인이나 상속인에게 그 부족분을 상환하라고 청구하지 못하도록 되어 있기 때문이다.

다만 조세채권, 임금채권 등 한국농어촌공사의 근저당권에 우선하는 채권이 있거나 지급정지 사유가 발생한 후에 지원된 농지연금채권, 연금수급자의 고의나 중과실에 의하여 담보농지가 훼손되어 회수하지 못하는 농지연금채권에 대해서는 연금수급자의 다른 재산에 대해서도 채권을 행사할 수 있도록 되어 있다.

3) 건강보험료 최대 50% 지원

나이 들어 수입이 없거나 국민연금 등으로 겨우 살아가는데 건강보험 피부양자 자격도 박탈당하고 지역가입자로 전환되어 매달 건강보험료를 낸다면 그것도 상당한 부담일 것이다. 국민건강보험법에 따르면 소득의 합계액이 연간 2천만 원을 초과하면 피부장자의 자격을 상실하게 된다.[26] 여기에서의 소득이란 이자소득, 배당소득, 사업소득, 근로소득, 연금소득 등을 모두 합산한 금액을 말한다.[27] 또 재산이 좀 있어서 재산세 과세표준의 합이 5억 4천만 원을 초과하면서 9억 원 이하일 경우에는 소득의 합계액이 연간 1천만 원 이상이면 피부양자 자격을 상실한다.[28]

30~40년 동안 직장생활을 하면서 국민연금만으로는 부족할 것 같아 애써 돈을 모아 주식에 투자를 하거나 예금을 좀 해놓은 것이 이렇게 발목을 잡게 될 줄이야. 오랜 기간 직장생활을 했던 사람들은 국민연금 수급액

---

26) 국민건강보험법 시행규칙 제2조 제1항
27) 국민건강보험법 시행령 제41조 참조
28) 국민건강보험법 시행규칙 별표 1의2 참조

만으로도 피부양자 자격을 상실하기에 충분한 금액이 될 것으로 보인다. 피부양자 자격을 상실하면 지역가입자로 가입하여 매달 의료보험료를 납부해야 하는데, 농업인의 경우 이 보험료를 일정 부분 감면해 준다.

어떤 조건으로 어느 정도 감면해 주는지 살펴보자. 농어촌지역에 거주하는 지역가입자로서 1,000 제곱미터 이상의 농지를 경작하는 농업인에 대해서는 건강보험료의 22%를 감면하도록 되어 있다.[29] 여기에 추가적으로 농업인의 건강보험료 지원 신청을 통해 최대 28%까지도 추가 지원을 받을 수 있도록 되어 있으므로 자격 조건에만 맞는다면 건강보험료의 50%까지 감면을 받을 수 있다.[30]

4) 국민연금보험료 50% 지원

농업인에게는 개인이 부담하여야 하는 국민연금보험료 중 50% 이내의 금액을 지원할 수 있도록 하고 있다.[31] 국민연금은 60세까지 보험료를 납부하도록 되어 있으므로 60세가 넘은 독자들에게는 해당사항이 없겠지만 이른 나이에 퇴직하고 농촌에서 전원생활을 꿈꾸는 사람들에게는 도움이 되리라 생각한다.

2023년 기준으로 기준소득월액이 35만 원 이하이면 31,500의 최저보험료를 납부하도록 되어 있다. 농업인 자격기준에 해당하는 연소득 3,700만원에 조금 부족한 소득이 있다고 가정하면 보험료 50%의 지원도 적지 않은 금액일 것으로 보인다.

---

29) 보건복지부 고시 제2022-316호 보험료 경감고시 제4조 참조
30) 농어촌주민의 보건복지 증진을 위한 특별법 시행령 제6조 참조
31) 농어촌주민의 보건복지 증진을 위한 특별법 제31조 참조

5) 공익직접지불금 혜택

공익직접지불금이란 농업활동을 통해 환경보전, 농촌공동체 유지, 식품안전 등의 공익기능을 증진하기 위해 농업인에게 지급하는 보조금이다. 공익직불금은 선택형과 기본형으로 나누어지는데 여기서는 기본형에 대해서만 다룬다.

기본형은 다시 소농직불금과 면적직불금으로 나누어진다. 소농직불금이란 소유 농지의 면적이 0.5헥타르 이하이고 영농기간 및 농촌 거주기간이 3년 이상이며 농업 외 소득이 연간 2,000만원 미만인 농업인에게 지급하는 금액으로 연간 120만원이다.

본인이 직접 경작하고 있는 농지에 대해 신청해야 하며, 영농일지 작성 및 마을공동체 활동 등 17개 농업인 준수사항을 성실히 이행하지 않으면 직불금이 감액될 수도 있다고 하나 농사일에 충실하면 개의치 않아도 된다. 다만 농업 외의 종합소득금액이 대통령령으로 정하는 금액 이상인 자와 농업에 이용하는 농지 등의 면적(휴경 중인 농지 등의 면적은 제외)이 1천 제곱미터 미만인 자에게는 지급되지 않는다.[32]

면적직불금이란 소농직불금 지급 대상보다 많은 농지를 경작하는 농업인에게 면적에 따른 단가를 계산하여 지급되는 직불금을 말한다. 이들 직불금은 말 그대로 보조금이어서 조건에 맞는 농업인이라면 다른 조건 없이 매년 지급 받는 금액으로 적은 금액이긴 하지만 쏠쏠한 수입원이다. 주변에 먼저 귀촌하여 농업인 자격을 갖추고 있는 선배 농업인들이 이 직불금 받는 것을 보면 아직 농업인이 아닌 나로서는 부러울 따름이다. 다른

---

32) 지급대상에 대한 자세한 사항은 농업·농촌 공익기능 증진 직접지불제도 운영에 관한 법률 시행령 제7조 및 관련 별표1 참조

사람들은 다 용돈을 받는데 나만 용돈을 못 받는 것 같은 기분이랄까 뭐 그런 것이다.

6) 농지 취득세 50% 감면

조세특례제한법에 따르면 농업인과 귀농인에 대해서는 취득세 50%를 경감하도록 되어 있다.[33] 대통령령으로 정하는 바에 따라 농업을 주업으로 하는 사람으로서 2년 이상 영농에 종사한 사람이 직접 경작할 목적으로 취득하는 농지나 농지를 조성하기 위하여 취득하는 임야에 대해서는 취득세의 50%를 경감하도록 되어 있다. 즉, 본인 또는 배우자 중 1명 이상이 농지 취득일 현재 다음 각 호의 요건을 모두 갖추고 있는 사람이면 된다.

① 농지를 소유하거나 임차하여 경작하는 방법으로 직접 2년 이상 계속하여 농업에 종사할 것
② 상기 1호에 따른 농지의 소재지인 시·군·구 또는 그와 잇닿아 있는 시·군·구에 거주하거나 해당 농지의 소재지로부터 30킬로미터 이내의 지역에 거주할 것
③ 직전 연도 농업 외의 종합소득금액(농업 또는 임업에서 발생하는 소득, 부동산임대소득 또는 농가부업소득을 제외한 금액)이 「농업·농촌 공익기능 증진 직접지불제도 운영에 관한 법률」 제9조 제3항 제1호 및 같은 법 시행령 제6조 제1항에 따른 금액 미만일 것[34]

다만 취득할 농지 및 임야의 소재지가 도시지역이어서는 안 되며, 취득 당시 공부상 지목이 논, 밭 또는 과수원인 토지로서 실제 농작물의 경작이나 다년생 식물의 재배지로 이용되는 토지이어야 된다. 그러나 이 경우엔

---

33) 지방세특례제한법 제6조 및 동법 시행령 제3조 참조
34) 연간 농업 외의 종합소득금액이 3,700만 원 미만이어야 한다.

다음과 같은 경우 경감된 취득세를 다시 추징한다.

① 정당한 사유 없이 그 취득일로부터 2년이 경과할 때까지 자경농민으로서 농지를 직접 경작하지 아니하거나 농지조성을 시작하지 아니하는 경우
② 해당 농지를 직접 경작한 기간이 2년 미만인 상태에서 매각·증여하거나 다른 용도로 사용하는 경우

또 농촌지역으로 이주하는 귀농인이 직접 경작 또는 사용할 목적으로 귀농일로부터 3년 이내에 취득하는 농지 및 농지를 조성하기 위하여 취득하는 임야 등에 대해서도 취득세의 50%를 경감해 준다.[35] 여기서 귀농인이란 다음 각 호의 요건을 모두 갖춘 사람을 말한다.[36]

① 농촌(읍이나 면지역을 말함) 외의 지역에서 귀농일을 기준으로 1년 이전부터 주민등록법 제16조에 따른 전입신고를 하고 계속하여 실제 거주한 사람일 것
② 귀농일 전까지 계속하여 1년 이상 농업에 종사하지 않은 사람일 것
③ 농촌에 주민등록법에 따른 전입신고를 하고 실제 거주하는 사람일 것

말 그대로 농촌에 전입신고를 하기 전 1년 동안은 농사를 짓지 않았어야 하며, 도시에서 살다가 농촌으로 와야 귀농으로 인정을 해주고 혜택을 주겠다는 것이다. 나 홀로 농촌에 전입신고를 해도 되지만 귀농인으로 인정받고 혜택을 받으려면 소득금액증명원과 건강보험 자격득실확인서를 제출해야 한다.[37]

---

35) 조세특례제한법 제6조 제4항 참조
36) 귀농어·귀촌 활성화 및 지원에 관한 법률 시행령 제2조 참조

위 조건을 자세히 보면 알겠지만 귀농인지 귀촌인지를 가리지는 않는 듯하다. 필자가 전화로 확인해 본 결과 그런 것을 따지지 않고 감면을 해 준다고 한다. 독자들 중 위의 조건에 맞는 사람이라면 농촌에 농지를 매입 하기 전에 주소지를 해당 지역으로 이전해 두면 취득세 50%는 감면 받을 수 있을 것으로 보인다. 그러나 사기 전에 주의할 점은 세상에 공짜는 없 다는 것이다. 감면 이후의 조건이 꽤 까다롭다. 즉, 세금을 감면 받고 다음 과 같은 행위를 할 경우에는 역시 감면 받은 취득세를 토해내야 한다는 점 유의해야 한다.[38]

① 귀농일부터 3년 이내에 주민등록 주소지를 취득 농지 및 임야 소재지 시·군·구, 그 지역과 연접한 시·군·구 또는 농지 및 임야 소재지로부터 30킬로미터 이내의 지역 외의 지역으로 이전하는 경우
② 귀농일부터 3년 이내에 농업 외의 산업에 종사하는 경우
③ 농지의 취득일부터 2년 이내에 직접 경작하지 아니하거나 임야의 취득일로부터 2년 이내에 농지의 조성을 개시하지 아니하는 경우
④ 직접 경작한 기간이 3년 미만인 상태에서 매각·증여하거나 다른 용도로 사용하는 경우

상기 조건들을 충족하는 농업인 또는 귀농인이 농지를 취득할 때 농어 촌특별세는 부과하지 않는다.[39] 농지뿐만 아니라 농업용으로 직접 사용하 기 위한 농기계류나 농업용수의 공급을 위해 설치하는 관정시설에 대해서 도 취득세를 100% 감면하도록 되어 있다.[40]

---

37) 2023년 3월 7일 당진시청 세무과에 유선상으로 확인한 바에 의함
38) 지방세특례제한법 제6조 제4항 참조
39) 농어촌특별세법 제4조 참조

7) 농업인 주택 신축 시 농지보전부담금 100% 감면

농지를 특정 시설의 부지로 전용하려는 자는 시장·군수 또는 자치구 구청장에게 농지전용허가를 받거나 농지전용 신고를 하여야 한다. 신고한 사항을 변경하려는 경우에도 또한 같다. 이처럼 농지를 다른 용도로 전용하려는 사람은 농지전용 허가를 신청하거나 농지전용 신고를 한 날 농지보전부담금을 납부하여야 한다. 이 부담금의 금액이 만만치가 않다. 농지보전부담금의 제곱미터 당 금액은 부과기준일 현재 가장 최근에 공시된 부동산 가격공시에 관한 법률에 따른 해당 농지의 개별공시지가의 30%나 되기 때문이다.[41] 다만 농지보전부담금의 제곱미터 당 금액이 5만원을 초과할 때에는 5만원으로 계산하면 된다.[42]

예를 들어 집을 짓기 위해 농지 100평을 전용하려면 최대 16,529,000원을 납부해야 한다. 따라서 농업인주택이 아닌 일반주택을 지어야 한다면 이러한 비용도 적지 않기 때문에 사전에 귀촌 후 초기정착 예산을 책정할 때 감안해야 한다. 그렇다면 농업인 주택을 지으면 어떻게 될까. 농업진흥지역 안이든 밖이든 상관없이 100% 감면을 받도록 되어 있다.[43]

농업인 주택이란 무엇이기에 100% 부담금을 면제해주는 것일까. 관련 규정을 살펴보자.[44]

농지법 시행령 제29조에서는 다음과 같이 규정하고 있다. 농업인 주택이란 다음 각 호의 요건을 모두 갖춘 건축물 및 시설물을 말한다.

---

40) 지방세특례제한법 제7조 참조
41) 농지법 시행령 제53조 참조
42) 농지법 시행규칙 제47조의2 참조
43) 농지법 시행령 제52조 관련 별표2 더항 참조
44) 농지법 시행령 제29조 제4항 참조

① 농업인 1명 이상으로 구성되는 농업·임업·축산업을 영위하는 세대로서 다음 각 목의 어느 하나에 해당하는 세대의 세대주가 설치하는 것일 것

    가. 해당 세대의 농업·임업·축산업에 따른 수입액이 연간 총수입액의 2분의 1을 초과하는 세대

    나. 해당 세대원의 노동력의 2분의 1 이상으로 농업·임업·축산업을 영위하는 세대

② 상기 제1호 각 목의 어느 하나에 해당하는 세대의 세대원이 장기간 독립된 주거생활을 영위할 수 있는 구조로 된 건축물(지방세법 시행령 제28조에 따른 별장 또는 고급주택은 제외) 및 해당 건축물에 부속한 창고·축사 등 농업·임업·축산업을 영위하는데 필요한 시설로서 그 부지의 총면적이 1세대 당 660제곱미터 이하일 것

③ 상기 제1호 각 목의 어느 하나에 해당하는 세대의 농업·임업·축산업의 경영의 근거가 되는 농지·산림·축사 등이 있는 시(구를 두지 아니한 시를 말하며, 도농복합형태의 시에 있어서는 동지역에 한함)·구(도농복합형태의 시의 구에 있어서는 동지역에 한함)·읍·면 또는 이에 연접한 시·구·읍·면 지역에 설치하는 것일 것

  농업인 주택이란 것이 그냥 농촌에 지으면 다 농업인 주택인 줄 알았더니 이렇게 조건이 까다로울 줄이야. 하지만 다시 자세히 살펴보면 그리 어려울 것도 없다. 별다른 소득이 없는 세대주가 가족들과 해당 지역에서 열심히 농사만 지으면 농업인 주택을 지을 수 있다.

  이렇게 농지보전부담금을 면제 받은 후 이 주택을 언제든 처분할 수 있도록 한다면 농지보전부담금을 면제해 줄 이유가 없을 것이다. 다음과 같은 제한사항이 있다.[45]

① 농업진흥구역 안의 농업인주택의 경우 비농업인에게 매도·임대는 불가능하다.

② 농업인 주택으로 사용한지 5년 이내에 일반주택 등으로 사용하거나 비농업인에게 매도하고자 할 경우에는 용도변경승인을 받아야 하며, 용도변경승인 신청자는 감면 받은 농지보전부담금을 납부하여야 한다. 다만 농업진흥구역 내의 농업인주택의 경우에는 5년 이내이든 이후이든 반드시 농업인에게만 매도할 수 있다. 따라서 농업인주택을 건축하고자 토지를 매입할 경우엔 농업진흥구역 외의 지역에 있는 농지를 매입하는 것이 유리하다.

8) 지역단위농협 조합원 가입 및 출자와 배당

여기서 말하는 농협이란 지역단위농협을 말한다. NH농협은행이라고 표기되는 농협중앙회와는 별개의 농협이므로 주의를 요한다. 조합원으로 가입하려면 농협 소재지에 농지가 위치해야 하고, 지역농협의 구역에 주소나 거소를 두고 있는 농업인이어야 하며, 둘 이상의 지역농협에 가입할 수 없다.[46] 우선 조합원의 자격요건인 농업인의 조건을 보면 다음과 같으며 이들 중 하나만 해당된다면 조합원이 될 수 있다.

① 1천 제곱미터 이상의 농지를 경영하거나 경작하는 자
② 1년 중 90일 이상 농업에 종사하는 자
③ 누에씨 0.5상자(2만립(粒) 기준상자)분 이상의 누에를 사육하는 자

---
45) 농지법 시행령 제59조 참조
46) 농업협동조합법 제19조 참조

④ 농업협동조합법 별표 1에 따른 기준 이상의 가축을 사육하는 자와 축산법 제2조 제1호에 따른 가축으로서 농림축산식품부장관이 정하여 고시하는 기준 이상을 사육하는 자
⑤ 농지에서 330제곱미터 이상의 시설을 설치하고 원예작물을 재배하는 자
⑥ 660제곱미터 이상의 농지에서 채소·과수 또는 화훼를 재배하는 자

다음은 조합원 가입방법을 살펴보자. 우선 가까운 지역농협을 방문하여 출자계를 찾아가 가입 신청 서류를 작성한다. 가입신청 서류 작성 시 농업경영체 등록확인서, 농지대장 등을 통해 농업인임을 입증해야 하므로 미리 필요서류를 발급 받아 놓아야 한다. 해당 농협 이사회를 통해 가입이 허락되면 출자금을 납입하게 되고 이로써 가입이 완료된다. 조합원은 정관으로 정하는 좌수 이상을 출자하도록 되어 있으며[47] 출자금의 최소기준은 지역농협마다 상이하다. 출자금에 대한 배당금의 연간 수익률을 계산해 보면 시중은행 예금금리보다 높고 1인당 1천만 원까지는 비과세[48], 3천만 원까지는 세금 우대 혜택의 적용을 받는다.[49]

조합원은 두 가지 배당을 받게 되는데, 출자금에 대한 배당과 함께 단위농협 사업 이용에 대한 결과를 환산하여 지급하는 배당인 이용고 배당도 받을 수 있다. 여기서 사업 이용이란 대출이나 예적금, 보험, 카드, 농약, 마트 등의 이용이다.

배당금 지급방식은 단위농협마다 상이하며, 현금으로 지급하는 경우도 있고 배당할 금액을 재투자를 해주는 경우도 있다. 유의할 점은 이 출자금

---

47) 농업협동조합법 제21조 참조
48) 조세특례제한법 제88조의5 참조
49) 조세특례제한법 제89조 제1항 참조

은 말 그대로 해당 농협의 자본으로 출자하는 것이기 때문에 일반 예·적금과 달리 해당 농협 파산 등의 경우 예금자 보호 대상이 아니라는 점과 수시 입출금이 안 된다는 점이다. 이 출자금은 단위농협 조합원을 탈퇴할 때 일정 절차를 거쳐 찾을 수 있으며 통상 매년 초 조합원총회가 끝난 후에야 지급 받을 수 있다.

9) 부가가치세의 영세율 적용 및 농기계용 면세유 구입 가능

조세특례제한법 제105조 및 105조의2에 따르면 농업인이 구입하는 비료, 농약, 농업용 기계 및 사료 등에 대해서는 부가가치세 0%를 적용할 뿐만 아니라 부득이 부가가치세를 포함하여 기자재 등을 구입하였을 때에는 본인이 조합원으로 있는 지역농협을 통해 환급신청을 할 수 있도록 되어 있다. 또한 농기계용 면세유를 구입할 수도 있다.[50]

면세유제도란 농업인에게 농업에 사용할 수 있도록 석유류 공급에 대해 부가가치세, 개별소비세 환경세 등의 세금을 면제하여 저렴하게 석유류를 구입할 수 있도록 하는 제도이다. 이 혜택을 받기 위해서는 당연히 농업인이어야 하고 농업경영체 등록을 필하여야 한다. 보유 농기계 등을 거주지 또는 경작지 지역농협에 신고하고 면세유류 신청을 하면 된다. 신청을 받은 농협은 농기계 보유현황 및 경작사실을 확인하고 면세유 구입 카드를 발급하게 된다. 면세유 취급 정유소에서 경유나 휘발유 등을 일반가격의 절반 정도의 가격에 넣을 수 있으니 좋은 혜택이다. 다만 농기계 등에 따라 일정량의 배당을 받기 때문에 무한정 넣을 수는 없다.

---

50) 자세한 사항은 농·축산·임·어업용 기자재 및 석유류에 대한 부가가치세 영세율 및 면세 적용 등에 관한 특례규정 참조

농업인에 대한 혜택은 이상에서 언급한 것 이외에도 여성농업인 바우처 지원이나 각종 대출 시 우대금리 적용 등 그동안 우리가 모르고 있었던 다양한 혜택들이 있다. 농촌에서 전원생활을 하는 것이 1차적인 목적이긴 하나 이왕이면 농촌에 살면서 작으나마 텃밭이라도 일구며 농업인의 자격을 갖추어 주어진 혜택들을 고루 누려보는 것도 좋으리라 생각한다.

지금까지 어디에 정착할 것인지를 결정하고 땅을 구입했으며, 전원생활을 하면서 누릴 수 있는 농업인에 대한 혜택에 대해서도 다 알아보았다면 이제 집을 지어야 할 때이다. 집을 짓기 위해 가장 중요한 것은 무엇일까.

도시지역에서는 물론이거니와 농촌에서도 집을 지을 토지와 연결되거나 연접하여 지나는 도로가 가장 중요하다. 경험 많은 해당지역 공인중개사들의 얘기를 듣는 것도 좋지만, 토지를 매입하는 독자들이 사전에 도로에 관한 여러 가지 법률 지식들을 가지고 있다면 집을 건축함에 있어서 도로로 인한 문제가 있는지 여부를 판단하는데 많은 도움이 될 것으로 생각되어, 집 짓는 절차를 살펴보기 전에 도로에 대해 먼저 살펴보는 것이 순서일 것 같으나 도로에 관한 규정들은 대단히 복잡하고 머리 아파 마지막 장에서 설명하기로 하고, 귀촌 전 또는 귀촌 후 미리 알아두고 활용해야 할 사전지식 및 건축 전 알아야 할 부담금과 규제사항에 대해 알아보기로 한다.

농협은 누구를 위한 것일까

살펴본 바와 같이 농업인에게 주는 각종 혜택들이 많음에도 불구하고 귀촌 후 필자가 주변 농업인들로부터 자주 듣는 말이 있다. 그건 바로 농협이 누구 편인지 모르겠다는 불평의 말이다. 농협의 설립 근거가 되는 농업협동조합법에 따르면 이 법은 농업인의 자주적인 협동조직을 바탕으로 농업인의 경제적·사회적·문화적 지위를 향상시키고, 농업의 경쟁력 강화를 통하여 농업인의 삶의 질을 높이며, 국민경제의 균형 있는 발전에 이바지함을 목적으로 하고 있다. 이들 법 목적 중 농업인의 경제적 지위를 향상시킨다는 말의 의미를 되새겨보게 된다. 농업인의 소득은 주로 농산물의 판매대금이다. 농업인들이 아무리 정성들여 농산물을 생산해도 저렴한 가격에 판매됨으로 인해 소득이 신통치 않다면 농업인의 경제적 지위 향상은 공염불에 불과할 것이다. 그 지역의 자치단체라 할 수 있는 농협이 나서서 농업인 편이 되어 좋은 농산물이 합리적인 가격에 판매될 수 있도록 더욱 노력해주었으면 하는 바람이다. 실제 농사를 지어보면 농산물 가격이란 것이 농업인들이 들이는 노력과 수고에 비해 너무 저렴한 가격에 판매된다는 것을 절감하게 된다. 물론 자본주의 사회에서 시장의 기능과 유통마진을 무시할 수는 없지만 농협은 적어도 농업인들의 편에 서서 농업인의 대변인 역할 정도는 해주어야 하는 것 아닌가 하는 것이 필자의 생각이다.

4장
전원생활에 필요한 법률지식

토지의 효율적 이용

주택 부수 토지

지목이 전·답 또는 과수원 등 농지일 때와 대지일 때는 땅의 가치가 다를 수밖에 없고 그만큼 가격 차이도 크다. 따라서 주택건축을 위한 개발행위허가 신청시 개발 면적을 보다 크게 하고 싶은 욕망이 있을 수 있다. 물론 대지면적을 마음껏 크게 하는 것은 개인의 자유지만 농지보전부담금이나 보유 및 매도시의 세금 문제를 고려하지 않을 수 없다. 어느 정도의 규모가 적당할까. 소위 주택 부수토지의 문제이다. 법의 규정을 살펴보자.

소득세법 제89조에서는 1세대가 1주택을 보유하는 경우로서 대통령령으로 정하는 요건을 충족하는 주택과 1세대가 1주택을 양도하기 전에 다른 주택을 대체취득하거나 상속, 동거봉양, 혼인 등으로 인하여 2주택 이상을 보유하는 경우로서 대통령령으로 정하는 주택의 부수 토지에 대해서는 양도소득세를 과세하지 않는다고 규정하고 있다.[51] 단, 주택(주택 및 이에 딸린 토지의 양도 당시 실지거래가액의 합계액이 12억 원을 초과하는 고가주택은 제외)과 이에 딸린 토지로서 건물이 정착된 면적에 지역별로 대통령령으로 정하는 배율을 곱하여 산정한 면적 이내의 토지(이를 주택

---

[51] 다른 비과세 양도소득도 다수 있으니 자세한 사항은 소득세법 제89조를 참조하기 바란다.

부수토지라 한다)의 양도로 발생하는 소득이어야 한다. 지역별 배율은 다음과 같다.[52]

① 국토의 계획 및 이용에 관한 법률 제6조 제1호에 따른 도시지역 내의 토지
   가. 수도권정비계획법 제2조 제1호에 따른 수도권 내의 토지 중 주거지역·상업지역 및 공업지역 내의 토지: 3배
   나. 수도권 내의 토지 중 녹지지역 내의 토지: 5배
   다. 수도권 밖의 토지: 5배
② 그 밖의 토지: 10배

농촌에 50평 정도 집 짓고 대지를 그 10배인 500평으로 만들면 좋을까. 돈이 많다면 가능하다. 그러나 일정 면적을 초과하면 고급주택으로 취급하여 취득세를 중과한다.[53] 고급주택은 취득가액의 약 11% 정도를 취득세로 납부해야 하고 후일 매도를 할 경우에도 매수자가 약 11%의 취득세를 납부해야 하는 부담이 생긴다. 고급주택의 정의를 보면 다음과 같다.

① 1구(1세대가 독립하여 구분 사용할 수 있도록 구획된 부분을 말함)의 건축물의 연면적(주차장면적은 제외)이 331제곱미터를 초과하는 주거용 건축물과 그 부속 토지
② 1구의 건축물의 대지면적이 662제곱미터를 초과하는 주거용 건축물과 그 부속 토지

---

52) 소득세법시행령 제168조의12 참조
53) 지방세법 제13조 제5항 참조

③ 1구의 건축물에 엘리베이터(적재하중 200킬로그램 이하의 소형엘리베이터는 제외)가 설치된 주거용 건축물과 그 부속 토지

④ 1구의 건축물에 에스컬레이터 또는 67제곱미터 이상의 수영장 중 1개 이상의 시설이 설치된 주거용 건축물과 그 부속 토지

그럼 후일 양도소득세도 피하고 종합부동산세의 종합합산과세 등을 피하려면 어느 정도가 적당할까. 읍 또는 면에 소재하는 농어촌주택은 다음 조건을 갖추면 설령 별장으로 사용해도 비업무용으로 보지 않는다.[54]

① 건물의 연면적이 150제곱미터 이내이고 그 건물의 부속토지의 면적이 660제곱미터 이내일 것
② 건물과 그 부속토지의 가액이 기준시가 2억 원 이하일 것
③ 수도권지역, 도시지역, 토지거래 허가구역, 조정대상지역을 제외한 지역에 소재할 것

지방세법시행령에서는 별장이면서도 농어촌주택으로 인정받기 위한 건축물의 가액이 6천 500만원 이내일 것을 요건으로 하고 있는 점만 좀 다르다.[55] 따라서 농촌에 집을 지으려면 개발행위허가 시 납부하여야 할 농지보전부담금의 규모나 취득세 그리고 후일의 양도소득세 문제를 고려하여 집은 45평 이하로 하고 대지면적은 199평 이하로 하되 너무 고급스럽지 않게 건축하는 것이 좋으리라 생각된다.

---

54) 소득세법 시행령 제168조의13 참조
55) 지방세법 시행령 제28조 제2항 참조

사업용 토지와 비사업용 토지

전원생활을 위해 매입하는 땅은 농지나 임야가 주를 이룰 것 같아 농지와 임야에 대해서만 언급하려 한다. 토지는 사업용이냐 비사업용이냐에 따라 양도소득세율이 현재로서는 10% 차이가 난다고 보면 된다. 토지를 매입하면 언젠가는 매각을 해야 하고 양도소득이 발생할 수 있으므로 가능하면 절세할 수 있는 방법까지도 고려하여 매매하면 좋을 것이다. 토지를 용도에 맞게 쓴다면 사업용으로 인정받게 되고, 실수요에 따라 사용하지 않고 자산형성을 위한 투기의 목적이라고 판단된다면 비사업용으로 인정되어 양도소득세의 중과세를 피할 수 없게 될 뿐만 아니라 종합부동산세 과세표준의 구분에 따른 불이익도 감수해야 된다. 소득세법에서는 어떤 토지가 비사업용 토지인가에 대한 자세한 규정을 두고 있으나 여기서는 농지와 임야에 한하여 사업용 토지로 인정받기 위한 조건들에 대해 살펴본다.

① 농지 : 농지 소재지에 거주하거나 행정구역상 인접한 시·군·구에 거주하거나 농지까지의 직선거리가 30킬로미터 이내에 거주하여야 하며, 양도일 직전 3년 중 2년 이상 또는 5년 중 3년 이상 또는 보유기간 중 50% 이상을 자경해야 한다. 하지만 위의 요건을 갖춘다고 해도 도시지역(읍·면지역 제외)에 있는 농지는 녹지지역과 개발제한구역 내에 있는 농지를 제외하고는 비사업용 토지로 인정된다[56]

② 임야 : 임야의 소재지와 동일한 시·군·구, 그와 연접한 시·군·구 또는 임야로부터 직선거리 30킬로미터 이내에 있는 지역에 주민등록이 되어 있고 사실상 거주하는 자가 소유하는 임야는 사업용으로 인정된다[57]

---
56) 소득세법 시행령 제168조의6 참조
57) 소득세법 시행령 제168조의9 제2항 참조

농지의 처분명령과 이행강제금

전원생활을 하기 위해 통상 농지를 먼저 매입하게 되는데 농지의 소유자는 그 토지를 목적에 맞게 사용해야 할 의무가 있다. 왜냐하면 원래 농지는 자기의 농업경영에 이용하거나 이용할 자가 아니면 소유하지 못하도록 되어 있기 때문이다.[58] 당연히 이 의무를 이행하지 않으면 법의 제재가 따른다. 즉, 농지 소유자는 다음 각 호의 어느 하나에 해당하게 되면 그 사유가 발생한 날부터 1년 이내에 해당 농지를 그 사유가 발생한 날 당시 세대를 같이하는 세대원이 아닌 자에게 처분하여야 한다.

① 소유 농지를 자연재해·농지개량·질병 등 대통령령으로 정하는 정당한 사유 없이 자기의 농업경영에 이용하지 아니하거나 이용하지 아니하게 되었다고 시장·군수 또는 구청장이 인정한 경우[59]
② 주말·영농체험을 하기 위해 농지를 취득한 자가 자연재해·농지개량·질병 등 대통령령으로 정하는 정당한 사유 없이 그 농지를 주말·체험영농에 이용하지 아니하게 되었다고 시장·군수 또는 구청장이 인정한 경우
③ 상속에 의해 농지를 취득하여 소유한 자가 농지를 임대하거나 한국농어촌공사에 위탁하여 임대하는 등 대통령령으로 정하는 정당한 사유 없이 자기의 농업경영에 이용하지 아니하거나 이용하지 아니하게 되었다고 시장·군수 또는 구청장이 인정한 경우
④ 이농한 후에도 농지를 소유한 자가 농지를 임대하거나 한국농어촌공사에 위탁하여 임대하는 등 대통령령으로 정하는 정당한 사유 없이 자

---
58) 농지법 제6조 제1항
59) 각 호의 대통령령으로 정하는 정당한 사유에 대해서는 농지법 시행령 제9조 참조

기의 농업경영에 이용하지 아니하거나, 이용하지 아니하게 되었다고 시장·군수 또는 구청장이 인정한 경우

⑤ 농지전용허가나 신고를 하고 농지를 취득한 경우, 농지를 취득한 자가 취득한 날부터 2년 이내에 그 목적사업에 착수하지 아니한 경우

⑥ 농지법 제7조에 따른 농지 소유 상한을 초과하여 농지를 소유한 것이 판명된 경우

⑦ 자연재해·농지개량·질병 등 대통령령으로 정하는 정당한 사유 없이 농지취득자격증명서 상의 농업경영계획서 내용을 이행하지 아니하였다고 시장·군수 또는 구청장이 인정한 경우

위와 같이 농지를 본래의 목적에 이용하지 않아 해당 지자체에서 처분하라고 명령 했음에도 불구하고 처분하지 않을 경우에는 감정평가금액과 개별공시지가 중 더 높은 가액의 25%에 해당하는 이행강제금을 상기 처분명령이 이행될 때까지 매년 1회 부과한다. 처분명령을 받은 자가 처분명령을 이행하면 새로운 이행강제금의 부과는 즉시 중지하되, 이미 부과된 이행강제금은 징수토록 하고 있다. 이행강제금을 납부하지 아니할 때에는 강제 징수한다.[60]

따라서 농지를 매입할 때에는 자기가 소화할 수 있을 만큼만 매입해야지 무작정 큰 땅을 매입해 놓고 농지취득증명서상 취득 목적대로 이용하지 못해 처분 명령을 받거나 이행강제금을 두들겨 맞는 일이 없도록 해야 할 것이다.

---

60) 농지법 제63조 참조

인허가 및 부담금

개발행위허가

개발행위허가란 국토의 난개발을 방지하고 계획적 관리를 도모하기 위하여 개발행위에 대하여 계획의 적정성, 기반시설의 확보 여부, 주변 경관 및 환경과의 조화 등을 고려하여 허가 여부를 결정하는 제도이다. 다음과 같은 행위를 할 때에는 개발행위허가를 받아야 한다.[61]

① 건축물의 건축 : 건축법 제2조 제1항 제2호에 따른 건축물의 건축

② 공작물의 설치 : 인공을 가하여 제작한 시설물(건축법 제2조 제1항 제2호에 따른 건축물은 제외)의 설치

③ 토지의 형질변경: 절토(땅깎기)·성토(흙쌓기)·정지(땅고르기)·포장 등의 방법으로 토지의 형상을 변경하는 행위와 공유수면의 매립(경작을 위한 토지의 형질변경은 제외)

④ 토석채취 : 흙·모래·자갈·바위 등의 토석을 채취하는 행위. 다만, 토지의 형질변경을 목적으로 하는 것을 제외한다.

⑤ 토지분할 : 다음 각 목의 어느 하나에 해당하는 토지의 분할(건축법

---

61) 국토의 계획 및 이용에 관한 법률 제56조 및 동법 시행령 제51조 참조

제57조에 따른 건축물이 있는 대지는 제외)

 가. 녹지지역·관리지역·농림지역 및 자연환경보전지역 안에서 관계 법령에 따른 허가·인가 등을 받지 아니하고 행하는 토지의 분할
 나. 건축법 제57조 제1항에 따른 분할제한면적 미만으로의 토지의 분할
 다. 관계 법령에 의한 허가·인가 등을 받지 아니하고 행하는 너비 5미터 이하로의 토지의 분할

⑥ 물건을 쌓아놓는 행위 : 녹지지역·관리지역 또는 자연환경보전지역 안에서 건축물의 울타리 안(적법한 절차에 의하여 조성된 대지에 한함)에 위치하지 아니한 토지에 물건을 1월 이상 쌓아놓는 행위

 우리가 전원생활을 영위하기 위해 농지를 매입하여 건축하고자 할 때는 주로 토지분할, 토지의 형질변경 및 건축물의 건축 행위 등이 개발행위허가를 받아야 하는 대상이 될 것이다. 임야를 매입하여 집을 지으려고 개발행위허가를 받는 경우엔 토지의 경사도와 입목의 축적이 가장 중요한 요소이므로 해당 지자체의 도시계획조례 상의 개발행위기준을 반드시 점검하여야 한다.

 당진시의 경우 기준지반고(일정 도로의 중앙부 지반고) 대비 50미터 미만의 표고일 것, 경사도 20도 미만일 것, 인접 도로표면보다 0.5미터 미만의 높이를 유지하여야 하며, 도로의 배수와 관개 및 유수 소통에 장애가 되지 아니하도록 할 것 등의 기준을 제시하고 있다.[62]

 한편 농지를 어떤 형태로든 개발하기 위해서는 농지전용허가 절차를 건너뛸 수는 없는데 아래 설명에서 보듯이 일견 조건이 상당히 까다로워 보인다. 살펴보자.

---

62) 당진시 도시계획조례 제19조 관련 개발행위허가기준 참조

농지전용허가 및 신고

농지를 본래 목적이 아닌 타 용도로 사용하려고 할 때는 농지전용허가를 받아야 한다. 농업인주택은 농지전용신고만으로 용도변경이 가능하다.[63] 필요서류들을 첨부하여 전용허가 신청을 하면 해당 시·군·구에서는 심사기준에 따라 심사를 하게 된다. 필요서류들을 살펴보면 다음과 같다.

① 사업계획서 : 전용목적, 사업시행자 및 시행기간 등을 명시
② 지적도 : 5,000분의 1 이상의 도면을 사용하여 전용예정구역을 정확히 표시
③ 지형도 : 5,000분의 1 이상의 도면을 사용하여 전용예정구역과 폐지되는 농로·수로 등 대체시설의 설치 위치를 정확히 표시
④ 피해방지계획서 : 해당 농지의 전용이 농지개량시설 또는 도로의 폐지 및 변경이나 토사의 유출, 폐수의 배출, 악취의 발생 등을 수반하여 인근 농지의 농업경영과 농어촌생활환경의 유지에 피해가 예상되는 경우에는 대체시설의 설치 등의 계획서
⑤ 농지보전부담금을 납부한 후 전용허가를 받은 자의 명의가 변경되는 경우에는 보전부담금의 권리승계를 증명할 수 있는 서류(농지전용허가를 받은 자의 명의가 변경되어 변경허가 신청을 하는 경우에 한함)
⑥ 전용하려는 농지의 소유권을 입증하는 서류(토지 등기사항증명서로 확인할 수 없는 경우에 한정) 또는 사용승낙서·사용승낙의 뜻이 기재된 매매계약서 등 사용권을 가지고 있음을 입증하는 서류[64]

심사기준은 다음과 같다.

① 용도구역에서의 행위제한에 위배되지 아니할 것[65]
② 시설의 규모 및 용도의 적정성, 건축물의 건축에 해당하는 경우에는

---
63) 농지법 제35조 제1항 제1호
64) 농지법 시행규칙 제26조 참조
65) 농지법 제32조 참조

도로·수도 및 하수도의 설치 등 해당 지역의 여건 등을 참작할 때 전용하려는 농지가 전용목적사업에 적합하게 이용될 수 있을 것으로 인정될 것

③ 건축물의 경우 건폐율 등 건축법의 규정, 건축물 또는 공작물의 기능·용도 및 배치계획 등을 참작할 때 전용하려는 농지의 면적이 전용목적사업의 실현을 위하여 적정한 면적일 것

④ 다음 각 목의 사항 등을 참작할 때 전용하려는 농지를 계속하여 보전할 필요성이 크지 아니할 것

    가. 경지정리 및 수리시설 등 농업생산기반정비사업 시행 여부
    나. 해당 농지가 포함된 지역농지의 집단화 정도
    다. 해당 농지의 전용으로 인하여 인근 농지의 연쇄적인 전용 등 농지 잠식 우려가 있는지의 여부
    라. 해당 농지의 전용으로 인근농지의 농업경영 환경을 저해할 우려가 있는지의 여부
    마. 해당 농지의 전용으로 인하여 농지축이 절단되거나 배수가 변경되어 물의 흐름에 지장을 주는지의 여부

⑤ 해당 농지의 전용이 인근 농지의 농업경영과 농어촌생활환경의 유지에 피해가 없을 것. 다만, 그 피해가 예상되는 경우에는 다음 각 목의 사항 등을 고려할 때 그 피해방지계획이 타당하게 수립되어 있을 것

    가. 해당 농지의 전용이 농지개량시설 또는 도로의 폐지·변경을 수반하는 경우 예상되는 피해 및 피해방지계획의 적절성
    나. 해당 농지의 전용이 토사의 유출, 폐수의 배출, 악취·소음의 발생을 수반하는 경우 예상되는 피해 및 피해방지계획의 적절성
    다. 해당 농지의 전용이 인근 농지의 일조·통풍·통작에 현저한 지장을 초래하는 경우 그 피해방지계획의 적절성

⑥ 해당 농지의 전용이 용수의 취수를 수반하는 경우 그 시기·방법·수량 등이 농수산업 또는 농어촌생활환경 유지에 피해가 없을 것. 다만, 그 피해가 예상되는 경우에는 그 피해방지계획이 타당하게 수립되어 있을 것

⑦ 사업계획 및 자금조달계획이 전용목적사업의 실현에 적합하도록 수립되어 있을 것

⑧ 농지를 전용하려는 자가 그 전용목적사업을 수행하는 것이 관련 법령에 저촉되지 않을 것

⑨ 농지를 전용하려는 자가 농지 소유자로부터 사용권을 제공받은 경우에는 그 사용권 제공이 관련 법령에 저촉되지 않을 것[66]

이상의 심사기준에 적합하지 아니한 경우에는 농지의 전용허가를 해줄 수 없도록 되어 있다. 매우 복잡한듯하지만 실제 독자들이 집을 짓기 위해 농지를 전용하려고 할 때 주로 문제가 되는 것은 도로와 수도, 하수도 및 소음 정도이리라 생각한다.

이들 문제가 해결되지 않거나 해결될 수 없는 땅이라면 개발행위허가는 물론이고 농지전용허가를 받을 수 없어 건축이 불가할 것이므로 집을 지을 땅을 매입할 때에는 세심한 주의를 기울여야 한다는 점 유의해야 한다.

이들에 대한 자세한 설명은 제6장에서 하도록 한다. 농지나 산지를 전용하는 경우엔 필수적으로 따라붙는 부담금이 있다. 다음에서 살펴본다. 농업인 주택을 건축하는 것이 아니라면 적지 않은 금액이다.

---

66) 농지법 시행령 제33조 참조

농지보전부담금

농지전용허가를 받거나 농지전용신고를 하려는 자 또는 농지전용에 관한 협의를 거친 구역 예정지에 있는 농지를 전용하려는 자나 농지전용협의를 거친 농지를 전용하려는 자 등 실제 농지를 전용하려는 자는 농지의 보전·관리 및 조성을 위한 부담금 즉, 농지보전부담금을 납부하여야 한다.

납부 시기는 농지보전부담금의 전부 또는 일부를 농지전용허가 또는 농지전용신고(다른 법률에 따라 농지전용허가 또는 농지전용신고가 의제되는 인가·허가·승인 등을 포함) 전까지이다.

납부를 해야 허가가 난다는 얘기다. 부과기준일은 허가를 신청한 날 또는 신고를 접수한 날이다. 납부할 금액은 이미 이전에 한번 살펴본 바 있지만, 전용허가 신청을 한 면적을 기준으로 제곱미터 당 부과기준일 현재 가장 최근에 공시된 농지의 개별공시지가의 30%이고, 제곱미터 당 5만원을 초과할 때에는 5만원을 한도금액으로 한다. 카드 납부도 가능하며, 납부할 금액이 2천만 원 이상인 경우에는 분할납부도 가능하다.[67]

산지보전부담금

임야에 산지전용허가를 받아 집을 지으려면 대체산림자원조성비를 납부하여야 한다. 납부하여야 할 대체산림자원조성비 부과금액 계산방법은 다음과 같다.

① 부과금액 = 산지전용허가·산지일시사용허가 면적 × 단위면적당 금액

---

67) 농지법 제38조 및 동법 시행규칙 제45조 참조

② 단위면적당 금액 = 산지별·지역별 단위면적당 산출금액 + 해당 산지 개별공시지가의 1%

③ 산지별·지역별 단위면적당 산출금액

준보전산지 : 제곱미터 당 7,260원   보전산지 : 제곱미터 당 9,430원

산지전용·일시사용 제한지역 : 제곱미터 당 14,520원

④ 개별공시지가의 1%에 해당하는 금액은 최대 7,260원/제곱미터로 한정[68]

보전산지의 경우에는 자기소유의 산지에서 농업인이 직접 농업을 경영하면서 실제로 거주하기 위하여 부지면적 660제곱미터 미만으로 건축하는 주택 및 그 부대시설이 아니면 산지전용허가를 받을 수 없으므로 집을 지을 목적으로 임야를 매입하는 것이라면 보전산지는 매입하지 않는 게 좋다. 여기에서의 농업인은 농지법 제2조 제2호의 농업인을 말한다.[69]

---

68) 산림청 고시 제2023-8호
69) 산지관리법 시행규칙 제7조 참조

농막 및 도로

농막

   도시인들이 농촌에 땅을 사는 이유 중 하나는 농지를 싸게 매입하여 농막을 짓고 별장으로 사용하면서 주말에 전원생활을 즐기고, 후일 귀촌을 하거나 그렇지 않으면 매각하여 양도차익을 향유하려는 목적이 많아 보인다.

   도시인들이 우후죽순처럼 농막을 짓기 전에는 집과 농지가 멀리 떨어져 있는 농민들이 휴식이나 농기구 보관 등을 위해 아무런 행정적 절차 없이 컨테이너 박스를 가져다 놓거나 조립식 건물을 지을 수 있었으나 농막이 전원주택이나 별장 등으로 악용되면서 이를 규제하기 위한 법률이 제정된 게 사실이다.

   실제로 농막을 짓겠다고 인허가청에 신고를 하고 준공을 마친 후 주거 목적으로 사용하기 위해 여러 편의시설들을 추가로 설치하여 사용하는 경우가 많다. 물론 불법이다.

   농막은 농업진흥지역(실무상 예전에 사용하던 용어인 절대농지라고 하는 경우가 많음)에도 설치가 가능하며, 건축법상 도로에 접하지 않아도 설치가 가능하고 또 농지전용 절차 등이 없기 때문에 주택에 비해 훨씬 용이하게 건축할 수 있다는 점, 개발제한구역이 아니면 농업인이 아니어도 설치가 가능하고 1가구 1주택 규정을 적용받지 않는다는 점 그리고 농지와 농막을 별개의 목적물로 매매가 가능하다는 점 등 여러 장점이 많아 법의 테두리 내에서 활용가치가 충분해 보이긴 하나 본래의 용도를 벗어나 불법 전용 사례들이 많다는 점은 안타깝다.

농막의 설치를 허용하는 법의 취지를 벗어난 일탈행위는 자칫 얘기치 않은 비용의 출혈을 야기하기도 하므로 주의해야 한다. 그럼 우선 농막에 관한 법의 규정들을 살펴보기로 한다.

농지법 시행규칙에 따르면, 농막은 농작업에 직접 필요한 농자재 및 농기계 보관, 수확 농산물 간이 처리 또는 농작업 중 일시 휴식을 위하여 설치하는 시설을 말하며, 연면적 20제곱미터 이하이고 주거 목적이 아닌 경우로 한정한다고 규정하고 있다.[70]

또 농막은 가설건축물이며[71] 컨테이너 또는 경량철골조, 조립식판넬 구조로 연면적의 합계가 20제곱미터 이하인 것으로서[72] 건축을 하려고 할 때에는 허가를 받아야 하는 것이 원칙이나, 재해복구, 흥행, 전람회, 공사용 가설건축물 등 대통령령으로 정하는 용도의 가설건축물의 경우에는 신고만 하고 착공할 수 있도록 하고 있다.[73] 그럼에도 불구하고 가설건축물을 규제하는 관련법의 기준에 적합하게 건축해야 함은 물론이다. 가설건축물의 기준은 다음과 같다.[74]

① 철근콘크리트조 또는 철골철근콘크리트조가 아닐 것
② 존치기간은 3년 이내일 것
③ 전기 · 수도 · 가스 등 새로운 간선 공급설비의 설치를 필요로 하지 아니할 것
④ 공동주택 등으로서 분양을 목적으로 건축하는 건축물이 아닐 것
⑤ 3층 이하일 것[75] 단, 각 지자체 조례를 반드시 참조할 것

---

70) 농지법 시행규칙 제3조의2 제1호 참조
71) 건축법 시행령 제15조 제5항 제16호
72) 당진시 건축조례 제23조 제2항 제8호 참조
73) 건축법 제20조 제3항
74) 건축법 시행령 제15조 제1항

농막을 지으려면 가설건축물 축조신고서를 작성하고, 이 신고서에 평면도, 배치도, 토지사용승낙서(타인의 토지일 경우) 및 신분증과 부동산등기사항전부증명서 등 인허가청의 요구서류를 첨부하여 제출하면 되고, 신고필증 수령 후 공사를 진행하면 된다.[76]

농막과 관련하여 지자체에 따라 차이가 있을 수 있으므로 담당 공무원을 찾아가 수도·전기·가스·정화조 등의 설치가 가능한지 여부를 확인해 보고 착공하는 것이 안전하다. 위 법조문을 보면 '새로운' 설치를 필요로 하지 아니할 것이라고 되어 있고 국토교통부의 질의회신 답변에서는 지선설비에 대해서는 설치가 가능하다고 하는데 필자로서는 그 의미가 명확하게 와 닿지 않는다.[77]

제반 절차를 거쳐 가설건축물이 완료되면 사용승인을 받고 사용하면 된다. 가설건축물이므로 가설건축물 관리대장이 만들어지며 존치기간이 만료될 경우 만료 7일전까지 연장신청을 하면 된다. 농막을 타인에게 양도할 때는 가설건축물 관리대장 상의 건축주 명의변경을 하면 될 것이다.

농막을 최대한 활용하기 위해 다락방을 설치하는 것은 가능할까? 건축법 관련 시행규칙을 잘 활용하면 가능할 것으로 보인다. 다락의 층고가 1.5미터 이하(경사진 형태의 지붕인 경우 1.8미터 이하)일 경우에는 바닥면적에 산입하지 아니한다고 규정하고 있기 때문이다.[78]

---

75) 건축법 제20조 제2항 제2호 참조. 규모가 작아 실익은 없어 보이나 이 조문에 의하면 농막의 경우도 3층 이하이고 연면적 20제곱미터 이하이면 건축은 가능할 것으로 보인다. 물론 각 지자체의 조례를 다시 살펴보아야 한다는 전제하에 말이다. 일부 인터넷 상에 떠도는 자료들을 보면 농막은 1층 이하로만 가능하다고 하는데 그 근거가 어디에 있는지 법조문이나 지자체 조례명이라도 명확히 밝혀주었으면 고맙겠다. 강원도 횡성군의 경우 허가민원과에 유선으로 확인한 결과 1층 컨테이너 박스를 설치한 경우만 농막으로 인정하며, 2층으로 농막을 짓는 것은 법의 취지에 맞지 않는다고 판단한다고 한다.
76) 건축법 시행규칙 서식8 참조
77) 농림축산식품부 농지과-5502호 질의에 대한 국토교통부 답변 참조
78) 국토교통부 고시 제2021-1422호 건축물 면적, 높이 등 세부 산정기준 2.3.2.참조

여기까지가 법이 허용한 농막의 기준에 해당된다. 이제 농막을 너무 쉽게 보고 탈법행위를 하려는 사람들이 주의해야 할 점들을 좀 살펴보자.

농막은 농사를 짓기 위해 필요한 공간을 제공하자는 취지에서 건축이 허용된 공간이다. 그러기에 농지에만 건축이 가능하다. 농지란 전·답·과수원을 말한다. 농지가 아닌 곳에 농막 비슷한 것을 건축할 수는 있겠지만 그건 농막이 아니며 개발행위허가 및 건축허가의 대상이 될 것이다.

또 농사를 짓는 땅 위에 설치하는 것이므로 농막의 건축면적이 차지하는 공간 이외의 땅에 자갈을 까는 행위, 보도블럭을 설치하는 행위, 콘크리트 포장을 하는 행위, 데크를 설치하는 행위, 파고라를 설치하는 행위, 캐노피 등 지붕을 설치하는 행위를 하여서는 안 된다. 모두 불법이다. 무슨 소리야 다들 그렇게 지어놓고 잘만 살던데 라고 말하는 독자가 있을 수 있겠지만 처음 사용승인을 받고 나서 위의 것들을 설치한다면 잘 하면 가설건축물 존치 기간인 3년 정도는 버틸 수 있겠지만 존치기간 만료일이 다가와 연장신청을 하고 공무원이 현장실사를 나온다면 이 모든 것을 철거하라고 할 것이다.

어떤 유튜버는 자연석을 멋지게 배치하여 정원을 꾸미고 황토방까지 만들어 놓았다가 인허가청에서 모두 철거하라는 명령이 떨어졌다고 망연자실해 하는 모습을 본 기억이 난다. 철거가 번잡하기도 하겠지만 그동안 신이 나서 마구잡이로 투입한 비용이 모조리 매몰비용이 되게 생겼으니 그걸 어떻게 감당한단 말인가.

꼭 공무원이 현장실사를 나오지 않더라도 도시인들이 조용한 농촌에 농막을 지어놓고 친구들 초청하여 고기 구워먹고 술 마시고 노래를 부르는 등 시골정서에 어긋난 행동을 하면 시골동네 주민들이 눈살 찌푸리게 되고 자연히 민원이 들어가게 마련이며 이런 경로를 통해 불법 건축물이 발각되기도 한다. 또 주의할 점은 처마나 차양을 외벽의 중심선으로부터 1미터 이상 돌출되게 건축하면 1미터를 초과한 부분은 건축면적에 산입되기 때문에 멋모르고 관련 법령 위반으로 피해를 볼 수 있다는 점이다.[79]

차라리 농막으로 공간이 좀 부족하다 싶으면 농막 옆에 작은 비닐하우스를 하나 설치하는 것이 더 나으리라 생각된다.

공무원들이 업무가 많거나 자신들이 해야 할 일을 게을리 하여 현장실사를 못하거나 또는 귀촌을 장려하기 위해 불법 농막을 잠시 눈감아 준다고 해서 농막을 불법적으로 활용해서는 안 될 것이다. 자승자박이라 했던가. 좋은 취지로 허용된 농막 건축의 편리함을 일부 사람들이 나쁘게 활용함으로써 향후 농막 건축과 관련하여 규제나 감독이 강화되도록 만드는 일은 없어야 할 것이다. 선한 법이 악한 법이 되어 우리를 옭아매지 않도록 모두가 노력할 일이다.

잠깐 성토 좀 하고 넘어가자. 작년인가 전남의 한 고위직 공무원이 농막이랍시고 바위로 기단석을 견고하고 쌓고 그 위에 2층짜리 별장을 짓고 실외에 비가림 시설과 파라솔이 달린 야외 테이블 등 각종 편의 장비를 갖췄는가 하면, 농막 앞에는 푸른 잔디 마당과 입구에서 농막에 이르는 돌 징검다리를 조성하고, 조경이 가미된 키 큰 소나무 7그루도 심어놓았다가 막상 문제가 되니까 잔디농사를 하고 있기 때문에 불법 농막이 아니라고 말도 안 되는 변명을 늘어놓았다는 기사를 본 기억이 있다.[80]

가관이다. 그게 농막이냐? 그렇다면 나는 자갈농사, 콘크리트 농사를

---

79) 국토교통부 고시 제2021-1422호 건축물 면적, 높이 등 세부 산정기준 2.2.2.참조
80) 2022.7.4. 인터넷 연합뉴스 참조

짓는다. 왜? 잔디농사와 뭐가 달라? 농막과 관련하여 저지를 수 있는 온갖 불법행위를 다 저질러 놓은 사람을 고위 공무원이라고 그냥 넘어가진 않겠지. 이런 자를 단속하지 않는다면 일반인의 불법행위를 무슨 낯으로 단속한단 말인가. 제발 그렇게 살지 말고 양심껏 자진 철거하길 바랄 뿐이다.

끝으로 농막에 관한 종합적 정리라 할 수 있는 농림축산식품부에서 발간한 2023년 농지업무편람에 나오는 농막에 관련된 사항 중 중요한 사항들을 간추려 정리해 보면 다음과 같다.

① 소유자가 동일한 경우 연접필지에 추가농막 설치 불가하며, 소유자가 다른 경우라 하더라도 연접필지에 여러 동의 농막을 설치하고 건축물의 부대시설(처마, 데크 등)을 공유하는 경우 하나의 농막으로 간주하고 연면적으로 산정한다.

② 농막에 전입신고, 농작업 중 일시휴식을 벗어나는 야간 취침, 주중·주말에 이루어지는 비정기적 숙박·장기간 체류·여가장소 활용 등은 주거 목적 사용으로 농지불법전용에 해당된다.

③ 농막 연면적 산정시 건축법 시행령 제119조에 의한 노대(데크, 테라스 등), 외부 마감재(단열재 포함), 정화조 등 시설도 농막 연면적에 포함하여 산정한다.

④ 농지를 포장하여 농막의 진입로를 개설하는 행위는 농작물 경작지에 통행을 목적으로 하는 것이 아니므로 농지의 전용행위에 해당된다.

⑤ 건축법 제15조에 따라 전기·수도·가스 등 새로운 간선공급설비의 설치를 필요로 하지 아니하여야 하나 지선으로부터의 인입은 허용한다(단, 간선으로부터의 인입은 불가).

⑥ 하수도법 제34조, 제39조, 동법 시행령 제24조에 따라 정화조는 농

막을 설치하고자 하는 필지의 입지에 따라 제한여부가 상이하며 개인하수처리시설(정화조, 오수처리시설) 미설치 시에는 수세식 변기의 설치는 불가능하고, 또 하수도법 시행령 제24조 제4항에 의한 특별대책지역 또는 수변구역은 정화조 설치는 불가하고 오수처리시설을 설치하여야 한다.

⑦ 농작업(농작물 경작·재배)을 수반하지 않는 농막은 휴경에 따른 농지처분의무부과(농지법 제10조), 불법전용에 의한 원상회복(농지법 제42조) 및 벌칙(농지법 제58조, 제59조, 제60조), 처분명령과 원상회복명령 미이행 시 이행강제금(농지법 제63조) 적용대상이다.

도로

별도의 장에서 도로에 대해 자세히 살펴보겠지만 여기서 잠깐 언급할 필요는 있는 것 같아 간단히 살펴본다. 누차 강조했지만 도시지역이든 면 소재지의 농촌지역이든 집을 지으려면 최소한 주택의 출입에 지장이 없을 정도의 진입도로는 있어야 한다.

맹지를 탈출하는 방법에 관해 인터넷 상에 떠도는 수많은 정보들을 보면 진입도로 부지를 사전에 매입하라거나 구거의 점용허가를 받으면 된다느니 토지사용승낙을 받으면 된다느니 주위토지통행권을 주장하면 된다느니 등의 판에 박힌 이야기들이 대부분이다.

필자가 여기저기 자료도 찾아보고 문의해본 결과 해당 지역에서 중개활동을 하면서 직접 집을 신축하여 매매를 해 본 경험 많은 공인중개사와 [81] 도로 문제를 전문으로 하는 지역 행정사의 조언이 그나마 가장 신빙성

---

81) 현재 필자에게 토지중개업을 가르쳐주고 있는 공인중개사는 토지만을 전문으로 중개하는 일을 하고 있으며, 단독주택 건축과 매매를 전문으로 하는 별도의 사업자 등록을 하여 운영하고 있다. 집을 짓는 절차와 방법 및 여러 가지 문제해결 방법에 대해서는 이 공인중개사의 자문에 주로 의거하였음을 밝힌다.

이 있고 합리적인 것 같다.[82]

도로 관련 규정이 복잡하고 이해하기 어렵지만 실제 상황이라면 건축 가능 여부를 간단히 알아볼 수 있는 방법이 있다. 다음과 같은 사항을 확인해 보면 된다. 특히 귀촌하여 전원생활을 하려는 사람들의 주요 무대라고 생각되는 면지역의 경우는 건축법상 도로의 정의나 대지와 도로의 관계 조항의 적용을 받지 않기에 더욱 그렇다.

> ① 현황도로의 소유자가 토지대장이나 등기부상 국가나 지자체나 각종 공사인가?
> ② 현황도로로써 사유지이지만 포장이 되어 있을 경우 그 포장공사를 관공서에서 했는가?
> ③ 내 땅이 접한 도로를 진입도로로 하여 건축허가나 건축신고를 하고 사용승인을 득한 후 현재까지 이용하고 있는 가구가 몇 가구나 있는가?

이 세 가지 사항만 확인하고 해당 지자체 허가민원과나 건축과를 찾아가 독자가 매입할 예정인 토지의 지번을 말하고 건축허가가 가능한지를 문의해 보는 것이 가장 확실한 확인 방법이 아닐까 생각한다.

지자체에서 건축이 불가능하다고 하거나 누구의 동의를 받아와야 한다거나 하면 그 때 가서 고민해 보고 매입 여부를 결정해도 될 것이다. 분명 법률의 규정에 따르면 건축이 가능할 것처럼 보이는데 해당 지자체에서는 건축을 할 수 없다고 하는 경우엔 별도의 장에서 기술할 도로에 관한 규정들을 참고하여 싸워보길 바란다. 많이들 헷갈려하는 것이 해당 도로가 사도법상 사도인지 사도법상의 사도가 아닌 개인 사유지 내의 현황도로 또는 관습상 도로인지이다.

사도법상 사도는 건축법에서 규정하는 도로이지만 개인 사유지 내의

---

82) 필자는 도로를 전문으로 하는 행정사인 차만술 행정사의 자료를 보고 많은 도움을 받았다.

현황도로는 건축법상 도로가 아니어서 후일 건축허가 등을 신청하려면 토지사용 승낙을 받아야 할 수도 있다는 점 유의해야 한다.

여기서 혹시 불가피하게 진입도로를 내기 위해 진입도로 부지 소유자로부터 토지사용승낙을 받아야 하는 경우도 있을 수 있으니 이에 대해 잠깐 살펴보는 것이 좋을 듯하다.

맹지에 진입도로를 내는 방법으로 가장 많이 쓰이는 것이 진입로를 낼 부분의 토지 소유자로부터 토지사용승낙을 받는 방법일 것이다.

토지사용승낙서는 따로 법적인 양식은 없으나 사용하는 토지의 지번, 지목, 면적, 사용목적을 명기하고 사용하는 자의 주소, 성명과 토지소유자의 인감을 날인한 다음 등기사항전부증명서 및 토지대장과 인감증명서를 첨부해야 한다. 그리고 필요한 경우에는 후일 도로 개설을 위한 토지분할을 위해 설계도면을 작성해서 붙인다.

사용승낙 시에 지주가 요구하면 사용료를 낼 수도 있고 아니면 무상으로 사용할 수도 있다. 토지사용승낙서의 법적인 효력과 관련하여 주의할 점은 이 승낙은 법적으로 토지의 사용대차나 임대차를 위한 동의이기 때문에 채권계약이다.

권리의 발생·변경·소멸의 효력을 누구에게나 주장할 수 있는 것이 물권적 효력인 반면, 단순히 당사자 간에서만 효력을 주장할 수 있는 것이 채권적 효력이다. 그래서 토지사용승낙을 해준 지주가 사망한 경우 그 상속인에 대하여 이 사용승낙의 효력을 계속 주장할 수 없다.

또한 진입도로로 쓰고 있는 땅이 매매되어 소유자가 변경된 경우 새로운 땅 주인인 매수자에 대해서도 사용승낙의 효력을 주장할 수 없다. 별개의 법률행위로 토지사용승낙을 받아야 한다는 의미이다.

진입도로를 확보할 수 없는 부득이한 사정이 있는 경우 이러한 토지사용승낙으로 도로를 개설하는 것이 일반적인 방법이지만 장래를 대비해서 가장 확실한 것은 도로부지를 단독으로 또는 공유지분으로라도 매입해 두는 것이 안전하고 경제적일 수 있다.

맹지에 이르는 진입도로용으로 타인의 토지를 매입할 경우에는 건축법상 도로의 최소 폭인 4m 이상이 되도록 해야 한다. 공유지분으로 매입할 경우 도로 지분등기를 해두면 내가 도로로 사용하는데 전혀 지장이 없을 뿐더러 후일 내 땅을 팔 때에도 도로지분을 포함하여 팔 수 있으므로 충분히 고려해볼만한 일이다.

이제 이 정도 알았다면 땅을 좀 더 저렴하게 살 수 있는 방법은 없는지 살펴보자. 급매물건의 경우라면 부동산중개사를 통해서도 가능하겠지만 그렇지 않을 경우 중개매물들은 대체로 경매나 공매보다는 비쌀 것으로 생각된다.

부동산과 법률

우리의 일상생활은 도덕의 범주에서 이루어지는 것이 일반적이지만 전원생활의 터전이 되는 부동산과 관련된 행위들은 거의 모든 것이 법의 테두리 안에서 이루어진다. 즉, 법에 규정된 대로 해야 한다는 말이다. 따라서 전원생활을 꿈꾸는 독자들이라면 전원생활에 필요한 부동산과 관련된 제반 법률들에 대해 가능하면 많은 지식을 쌓아둘 필요가 있다. 매매부터 시작하여 소유, 개발, 처분, 임대차 및 이들 행위의 절차와 각종 세금과 부담금, 농막, 도로 등에 관한 법률들을 평소 관심 있게 살펴보길 바란다. 아는 만큼 보일 것이며, 아는 만큼 실수를 줄일 수 있을 것이다.

5장 경매나 공매로 땅 사기

경매

왜 경매인가?

필자는 오래 전부터 경매에 관심을 가지고 공부해 왔다. 경매란 어떤 형태의 빚이든 채무자가 변제기에 빚을 갚지 못한 경우 채권자 입장에서 채무자의 재산을 강제로 매각하여 빌려준 돈을 환수하는 절차이다. 즉, 어쩔 수 없이 팔아야 하는 재산이며 얼마에 팔겠다는 협상 절차가 필요 없는 매매이기에 언제나 매수자에게 유리한 매수자 우위 시장인 셈이다.

일반 부동산 매매시장은 경기변동에 따라 매도자와 매수자 간 지위의 우열이 바뀔 수 있지만 경매에서는 항상 매수자가 우위에 있기 때문에 보다 저렴한 가격에 보다 좋은 물건을 매입할 수 있다. 많은 사람들이 이런 시장에 관심을 갖지 않는 것이 오히려 이상할 지경이다.

일반인들이 경매를 꺼리는 이유야 나중에 설명을 하겠지만 필자가 30대 시절 고민에 고민을 거듭했지만 경매시장에 뛰어들지 못했던 이유는 그땐 먹고 살 돈에 여유가 없었고 그렇다고 빚을 내서 하기에는 배포가 너무 작았다. 게다가 좋은 직장을 버리고 수입이 일정치 않은 일을 하겠다는 것 자체가 먹여 살려야 하는 가족에 대한 배려심의 부족일 수도 있다는 생각이 들었다. 그러나 무엇보다 가장 큰 이유는 아내의 반대였다.

그렇게 30여 년이 지나고 나서 지금 다시 경매와 공매에 관심을 가지고 지켜보고 있다. 젊은 시절엔 집이라도 한 채 마련해 놓고 곁들여 임대사업을 해볼 욕심으로 주택의 경매에 관심이 있었지만 지금은 아니다. 오로지 토지 그 중에서도 농지와 임야에 대해서만 관심이 있다. 왜?

여기서 필자의 지극히 개인적인 생각을 좀 적어보려 한다. 대한민국 땅덩어리에서 농지가 차지하는 비율은 19% 정도에 불과하다. 반면 임야는 64% 정도를 차지하고 있다. 식량 자급률은 45% 정도이고 곡물 자급률은 20%에 머무르고 있다. 1970년대 90%에 육박하던 식량자급률에 비하면 정말 격세지감이다. 우리나라와 일본이 최하위권이다. 물론 부족하면 수입하면 된다. 그러나 수입이 가능할 때의 얘기다.

지구가 날로 뜨거워지고 이로 인한 기후변화도 날로 심각해지고 있다. 세계 곳곳에서 홍수와 가뭄이 반복되고 있다. 지구의 온난화로 인해 꽃이 예전보다 빨리 피는 반면 꽃의 수정을 도와줘야 할 벌들은 날아오지 않는다. 아인슈타인의 경고가 현실이 되는 것일까.

꿀벌이 사라지면 인류 생존에도 위협이 될테고 이런 추세가 지속되면 각국이 자국의 식량자원을 무기화할 날도 멀지 않다. 에너지, 광물, 반도체 등도 중요하지만 식량은 생존자원이다. 없으면 죽는다. 그러기에 지금 세계 각국은 식량 증산을 위해 고군분투하고 있으며, 주식시장에서는 곡물 관련주, 비료 관련주, 농기계 관련주들의 상승을 예상하고 있다.

최근 러시아와 우크라이나 간의 전쟁으로 인해 곡물가격이 급등하였고, 우크라이나에 인접한 몰도바와 헝가리는 식량자원의 수출을 제한하거나 전면 금지했는가 하면 수확시기가 정반대인 남미의 아르헨티나에서도 유사한 움직임이 관측되고 있다. 식량 수출을 금지하는 나라가 점점 많아질 것이라는 예측도 있다. 이제 시작인 것인가. 갈수록 이런 일들이 심화

된다면 우리나라도 식량의 자급화를 서두를 수밖에 없고 정부도 농지와 농업인에 대해 관심을 가지지 않을 수 없을 것이다.

농사를 지을 수 있는 땅을 가진 사람을 부러워하고 농지를 가진 자만이 마음 편하게 살 수 있는 시절이 다가오고 있는 것이 아닐까 생각된다.

그래서 필자는 장기적인 관점에서 농지와 농지로의 전용이 가능한 임야에 관심을 가지고 있다. 농지 위에 집도 짓고 농사도 지으면서 전원생활까지 향유할 수 있다면 싫어할 이유가 없다. 게다가 경매로 땅을 매입하면 나의 예산 범위 내에서 내가 원하는 가격에 살 수 있다. 그게 경매로 땅을 사려하는 이유이다.

그런데 왜 관심을 갖지 않는 사람들이 많을까? 여러 가지 위험이 도사리고 있기 때문이다. 또 경매법원에 나가야 하고 권리분석이니 명도소송이니 유치권이니 하는 잘 모르는 것들이 있어 두렵고 머리 아프기 때문이기도 하다. 또 하나의 이유는 우리의 전통 관념에서 기인한 것으로 누군가가 가지고 있다가 망한 땅을 내가 가지려니 마음 한구석 거리낌도 있고 왠지 나쁜 기운이 나에게 올 것만 같다. 하나씩 살펴보자.

이 책은 경매로 돈을 벌자고 하는 것이 아니라 어떻게 하면 땅을 저렴하게 사서 노후생활이나 농촌생활을 즐겁게 보낼까 하는 것이 목적이기에 경매에 대한 깊이 있는 고찰보다는 경매라는 것이 생각보다 그리 어렵지 않고 누구나 접근할 수 있다는 점을 설명함과 동시에 일반인들이 상식으로 알고 있으면 좋을 정도 선에서 그치고자 한다.

경매의 절차

이 책의 집필 의도와 크게 상관없다고 생각되는 경매에서의 앞부분의 절차는 생략하고, 법원이 특정 부동산에 대해 경매를 통해 매각하기로 결정하는 절차인 경매개시결정 및 경매가 진행되고 있음을 알려주는 등기사항전부증명서(예전의 등기부등본) 상의 기입등기 이후부터 살펴본다.

법원이 경매를 진행하기로 결정을 하면 제일 먼저 하는 일이 집행관을 시켜 현장에 나가 해당 부동산의 현황을 조사하게 하고 감정평가사로 하여금 감정평가를 하도록 해서 그 결과물을 근간으로 매각물건명세서와 최저매각가격을 결정한다.

그 다음 매각물건명세서 사본을 현황조사 보고서 및 평가서의 사본과 함께 매각기일 1주일 전까지 법원에 비치하여 누구든지 볼 수 있도록 하고 있다. 이렇게 명세서를 비치하는 취지는 경매 절차에서 매각 대상 부동산의 현황을 되도록 정확히 파악하여 일반인에게 그 현황과 권리관계를 공시함으로써 매수 희망자가 매각 대상 부동산에 관하여 필요한 정보를 쉽게 얻을 수 있도록 하여 예측하지 못한 손해를 입는 것을 방지하고자 함에 있다.[83]

법원이 작성한 이 물건명세서와 감정평가서를 잘 보아야 한다. 법원에서 중요하다고 판단되는 사항들을 조사해 놓은 것이기 때문이다. 특히 중요한 것은 후일 문제가 될 수 있는 임차인 현황과 유치권 존재 여부이다. 또 주변시세와 감정평가서 상의 가격도 주의 깊게 살펴보고 터무니없는 가격은 아닌지 판단해 보아야 한다. 평가금액이 상식적으로 이해할 수 없

---

83) 민사집행법 제105조 및 대법원 판결 2006마807 참조

는 가격이라면 뭔가 문제가 있다고 봐도 될 것이다. 이 물건명세서를 잘 살펴본 후 반드시 해야 할 일이 있다. 물건이 있는 곳을 직접 방문하여 현황이 어떤지, 주변에 혐오시설은 없는지 등을 확인해 보는 것이다.

그 다음 매각기일을 결정하여 공고한다. '대한민국 법원 법원경매정보'라는 사이트를 들어가면 확인할 수 있다. 통상 우리 법원은 이 매각기일에 입찰 및 개찰을 실시한다.

이렇게 입찰 과정이 끝나면 법원은 입찰을 종결하고 입찰표를 개봉하여 최고가에 입찰한 사람을 낙찰자로 결정하고 나머지 입찰자에 대해서는 매수신청보증금을 되돌려 주고, 매각기일이 종결되었음을 고지한다.

매각기일과 함께 공고되는 매각결정기일은 매각기일 종결 후 1주일 정도 후로 지정된다. 이 날 최고가 입찰자에게 매각을 허가할 것인지 불허가할 것인지를 결정한다.

매각허가결정이 확정되면 법원은 매각대금의 지급기한을 정하여 매수인에게 매각대금의 납부를 명한다.

매수인이 대금을 모두 납부하면 해당 부동산의 소유권을 취득하게 되고, 법원은 매수인이 이전등기에 필요한 서류를 제출하면 관할등기소에 매수인 명의의 소유권이전등기 및 매수인이 인수하지 않는 부동산에 관한 부담의 말소등기를 촉탁하는 것으로 경매과정이 종결된다.

자 이제 경매절차를 알았으니 본격적으로 입찰준비를 한번 해보자.

권리분석

마음에 드는 땅이 경매시장에 나왔다고 가정해 보자. 그렇다고 입찰을 무턱대고 할 수는 없다. 뭔지는 알고 입찰을 해야 한다. 해당 부동산을 둘러싸고 어떤 권리관계가 있는지, 내가 입찰을 하면 온전히 소유권을 가져올 수 있는지, 입찰대금 외에 추가로 돈이 들어갈 위험은 있는지, 그 부동산 주변에 혐오시설은 없는지, 집을 지을 수는 있는지 등을 검토해 보는 것이 첫 번째다. 이러한 제반 검토과정을 권리분석이라고 한다.

단어가 주는 어감은 왠지 좀 어려워 보이지만 몇 가지 원칙만 알면 권리분석이 사실 별 것 아니다. 낙찰자로 결정되어 돈만 내면 깨끗한 물건을 가져올 수 있는지 여부를 따져보는 것에 불과하기 때문이다. 권리분석에서 뭐가 제일 중요할까?

이것 하나만 알아도 80% 이상 깨끗한 물건을 가져올 수 있다. 즉, 말소기준이 되는 권리이다. 등기사항전부증명서 상 말소기준권리가 최선순위라면 80% 이상 안전하다는 말이다. 최선순위이면 된다고 하는데 여기서 순위라는 말이 뭘까. 부동산등기부에는 갑구와 을구가 있다. 갑구에는 소유권과 관련 있는 사항들이 기재되고, 을구에는 소유권 이외의 사항들이 기재된다. 같은 구에 있는 권리들끼리의 순위는 등기순서에 따라 결정되고 서로 다른 구에 있는 권리들끼리의 순위는 접수번호에 따라 결정된다. 이렇게 결정된 순위 중 최선순위가 말소기준권리라면 일단 80% 정도는 낙찰을 받아도 안전하다고 생각해도 좋다. 말소기준권리가 뭔데?

말소기준권리란 등기사항전부증명서상 이 기준권리보다 후순위인 권리들 다시 말하면 뒤에 등기된 권리들은 낙찰 이후 모두 법원에서 말소시켜 주는 것을 말한다. 등기부가 깨끗이 세탁되어 나에게 돌아오는 것은 물론이고 추가로 지출될 비용이 없다는 얘기다. 말소기준권리에는 어떤 것들이 있을까? 저당권, 근저당권, 담보가등기, 압류, 가압류, 경매기입등기란 놈들이다.

여기서 담보가등기에 대해 첨언할 필요가 있을 듯하다. 담보가등기와 소유권이전청구권보전가등기를 구별할 실익이 있기 때문이다. 부동산등기사항전부증명서에는 소유권이전청구권보전가등기나 담보가등기가 모두 가등기라고 기재되기 때문에 부동산등기부등본만으론 구별이 불가능하여 입찰 희망자는 입찰 기일 7일 전에 열람 가능한 법원의 물건명세서를 보고 확인해야 한다. 법원은 가등기 종류의 확인을 위해 가등기권자에게 가등기의 종류와 담보가등기일 경우에는 그 채권액을 신고하라는 최고를 하게 되고 신고내용에 따라 가등기의 종류와 권리사항을 경매물건명세서에 기록하게 된다. 이 때 가등기권자가 법원의 최고에도 불구하고 가등기의 종류 등을 신고하지 않을 때 법원은 가등기를 소유권이전청구권보전가등기로 간주하게 되며, 이때에는 말소기준권리로 볼 수 없으므로 주의해야 한다.

전세권도 경우에 따라 말소기준권리가 될 수 있지만 이 책에서는 토지만을 대상으로 하고 있으므로 그럴 일이 거의 없으니 논외로 하자. 간단하다. 용어만 제대로 알고 매각물건명세서와 등기사항전부증명서만 볼 수 있으면 누구나 기준권리를 찾을 수 있다. 이제 나머지 20%를 찾아보아야 할 순서이다.

말소기준권리보다 선순위 권리가 있거나 후순위더라도 낙찰자가 인수해야 될 권리가 있다. 또 등기부에는 드러나지 않으나 낙찰자가 인수해야 하는 권리들도 있다. 선순위는 당연히 인수되는 것들이고, 후순위 임에도 인수되는 권리에는 소유권에 관한 다툼이 있는 가처분, 말소기준권리가 되는 근저당의 말소를 청구하는 가처분, 건물철거 및 토지 인도를 위한 가처분 등이다. 또 등기부에 기재되지 않는 권리에는 유치권, 법정지상권, 분묘기지권, 선순위 임차권 등이 있다.[84]

  법원의 매각물건명세서에는 등기부에 기재되지 않는 이들 권리에 대해서도 상세히 조사한 내용이 기록되어 있으므로 명세서만 잘 보아도 크게 실수할 일은 없다.

  경매로 돈을 벌 목적이라면 하자 있는 물건 또는 하자가 있어 보이는 물건이 돈이 된다. No Risk, No Return이라고 하지 않았던가. 그러나 이 책의 독자나 필자는 그게 목적이 아니기 때문에 물건에 하자가 있다고 판단되면 입찰을 안 하면 그만이다. 고르고 골라 하자 없고 싸고 좋은 물건만 입찰하면 된다. 이런 땅들은 경쟁이 꽤 심할 것이라 생각되지만 입찰은 소신껏 자신이 감당할 수 있는 범위 내에서 해야 한다.

  여기서 한 가지 주의할 것은 물건의 하자라고 할 수도 없고 법원에서 조사하기도 어려운 경우들이 있을 수 있다는 점이다. 예를 들면 내가 입찰하려고 하는 농지가 무단 전용되어 원상복구명령이 떨어진 땅이거나 소유자가 농지 위에 집을 짓기 위해 개발행위허가 및 건축허가를 받아놓았다거나 할 경우엔 농지취득자격증명을 받을 수 없게 되거나 원상복구를 전제로 한 사후복구계획서를 제출하고 농지취득자격증명을 받아야 하는 등의 문제가 생길 수 있고, 이전 소유자가 해당 농지에 이미 받아놓은 각종

---

84) 이 책에서는 그런 문제점이 있는 물건에는 관심을 두지 말고 안전한 물건에만 입찰을 하자는 취지에서 설명을 생략했으나 혹시 그러한 제반 권리들에 대해 자세히 알고 싶은 독자가 있다면 필자의 졸저인 부동산개발사업의 사업성검토와 시행, 어드북스, 2020. pp69~76을 참조하기 바란다.

허가들로 인해 더 이상의 추가적인 허가를 받을 수 없는 경우가 있을 수도 있다. 꼭 사고 싶은 땅이 있다면 해당 인허가청을 방문하여 한번쯤 이런 내용을 확인해 보는 것도 좋으리라 생각한다.

또 농지의 지하에 과거에 묻힌 쓰레기나 폐기물 등이 있어 예상치 못한 반출비용 등이 발생할 수 있으므로 지나간 과거의 위성사진을 검색해 보거나 해당 농지를 잘 아는 마을 어른들이나 부동산중개소에 문의를 해보는 것도 좋을 것이다. 돌다리도 두들기면서 건너면 넘어지거나 물에 빠질 일은 없듯이 말이다.[85] 이제 입찰을 한번 해보자.

입찰참가

마음에 드는 물건이 있어서 현장도 다 방문해 보았고 매각물건명세서도 자세히 보고난 후 마음의 결정을 하였다면 1장짜리 자기앞수표로 된 입찰보증금을 들고 매각기일에 경매 법원을 찾아가야 한다. 요즈음엔 자기가 입찰할 금액의 10%가 아니라 최저매각 가격의 10%를 입찰보증금으로 준비하면 되기 때문에 어느 정도의 입찰가를 써낼지를 미리 결정할 필요가 없다. 입찰법원에 나가 분위기를 보면서 결정하면 된다.

입찰보증금의 비율이 다른 경우도 더러 있으나 이에 대해서는 법원경매정보를 보면 나와 있으므로 참고하면 된다. 매각절차는 집행관이 진행하므로 그에 따르면 된다. 입찰이 시작되면 기재대에 들어가 입찰표를 작성하고 입찰보증금은 봉투에 넣어 1차로 봉한 다음 입찰표와 입찰보증금

---

85) 다음지도에서 제공하는 스카이뷰에서는 최근 13년간의 위성지도를 볼 수 있으므로 이 정보만으로도 과거의 토지 현황이 어떻게 변모해 왔는지를 체크하는 데 어느 정도 도움을 줄 수 있다고 생각한다.

을 입찰봉투에 넣어 봉한 후 지정된 위치에 날인을 하고 집행관에게 제출하면 된다.

　필자는 개인적으로 부동산을 매입하기 위해 법원 경매에 직접 참가해 본 적은 없으나 건설회사에 근무하던 시절 회사의 대리인 자격으로 여러 차례 입찰에 참가해 보았다. 수십억 원의 입찰보증금을 들고 채무자의 재산을 낙찰받기 위해 법원을 찾아가는 길이 가슴 떨리고 두려웠다. 그래도 무사히 낙찰을 받아 회사의 채권회수에 일조하였음을 다행스럽게 생각한다.

　여기서 잠깐 입찰할 물건의 감정평가서에 대해 한마디 하고 넘어가려고 한다. 부동산 가격이 내림 추세일 때와 오름 추세일 때 이 평가서에서 참조할 사항에 조금 차이가 있기 때문이다. 보통 오름 추세일 때에는 해당 부동산의 감정평가일이 빠른 것일수록 좋고, 내림 추세일 때에는 감정평가일이 최근일수록 좋다. 왜냐하면 오름 추세일 때에는 평가일이 빠를수록 현재 시세에 비해 덜 올랐을 때 감정평가를 한 것이라 볼 수 있고, 내림 추세일 때에는 최근 것일수록 가격이 떨어진 현재 시세를 반영하여 감정평가를 한 것이기 때문에 입찰자의 입장에서 보면 좀 더 저렴한 가격에 매입할 가능성이 있다고 볼 수 있기 때문이다. 이 점 참고하면 도움이 될 것이다.

　일단 입찰봉투를 제출한 후 낙찰자로 최종 결정되면 법원의 안내에 따라 대금을 납부하고 필요한 서류를 제출하면 법원의 촉탁으로 등기부상 말소할 사항은 말소하고 낙찰자 명의로 소유권이전등기가 된다. 이제 명실상부한 내 땅이다. 소유권이전등기가 완료된 후 잘 있나 궁금해서 기분 좋게 내 땅을 구경하러 갔더니 누군가 불법으로 내 땅을 점유하고 있을 수 있다. 불법 점유자가 악한 사람이 아니라고 판단될 경우에는 조금의 비용이 들어갈지라도 가능하면 법원의 힘을 빌리지 않고 낙찰자 스스로 부동산을 인도 받는 것이 최선이라 생각한다. 하지만 잘 달래서 나가면 좋은데 그렇지 않는 경우도 있다. 우리 법은 그렇지 않을 경우를 예상하여 인도명령이라는 제도를 마련해 두었다.[86] 법문을 한번 살펴보자.

명도

낙찰 받은 물건이라 할지라도 내 손아귀에 들어와야 내 마음대로 이용할 수 있다. 이처럼 내 손아귀에 넣은 절차를 명도절차라고 한다.

법원은 매수인이 대금을 완납한 뒤 6개월 이내에 인도명령 신청을 하면 채무자·소유자 또는 부동산 점유자에 대하여 부동산을 매수인에게 인도하도록 명할 수 있다. 다만, 점유자가 매수인에게 대항할 수 있는 권원에 의하여 점유하는 것으로 인정될 경우 그러하지 않다. 법원이 채무자 및 소유자 외의 점유자에 대하여 인도명령을 하려면 그 점유자를 심문해야 한다. 다만, 그 점유자가 매수인에게 대항할 수 있는 권원에 의하여 점유하고 있지 아니함이 명백한 때 또는 이미 그 점유자를 심문한 때에는 그러하지 아니하다. 채무자·소유자 또는 점유자가 법원의 인도명령에 따르지 아니할 때에는 매수인 또는 채권자는 집행관에게 그 집행을 위임할 수 있다.

인도명령을 신청할 때 필요서류 등은 부동산인도명령신청서, 매각대금완납증명원, 인지, 송달료, 대리인의 경우 위임장이다. 대금 완납 후 6개월 이내에 신청을 해야 한다는 것을 망각해서는 안 된다. 6개월을 넘겨버리면 소송절차를 밟아야 하기 때문이다. 인도명령 신청을 하면 통상 일주일 이내로 인도명령 결정이 나오며 법원은 인도명령 대상자에게 인도명령

---
86) 민사집행법 제136조 참조

결정문을 송달하게 된다. 신청인(매수인)은 본인에게 송달된 인도명령결정문과 상대방에게 송달되었다는 송달증명원을 가지고 관할법원의 집행관 사무실에 가서 강제집행 신청을 하면 된다.

　시중에 판매되고 있는 경매에 관한 책이나 경매의 전문가라고 하는 사람들이 인터넷 상에 올리는 강의영상들을 보면 손쉽게 빨리 적지 않은 돈을 벌 수 있는 것처럼 과장해서 설명하는가 하면 어떤 것은 너무 복잡하고 어려워 과연 내가 할 수 있을까하는 망설임을 갖게 만든다. 그리고 너무 욕심이 많다. 조금만 욕심을 버린다면 필자가 정리한 위의 내용만으로도 충분히 경매시장의 단골이 될 수 있으리라 생각한다. 벌써부터 이 책의 개정판을 쓸 즈음엔 필자의 경매 이력에 어떤 변화가 있을지 스스로 궁금해진다. 다음은 경매와 유사한 공매에 대해 조금 언급하려 한다.

공매

 공매란 한국자산관리공사가 주관하여 실시하는 부동산매각 절차를 말한다. 한국자산관리공사(캠코)는 관련 법률에 따라 설립되어 금융회사 부실채권 인수·정리 및 기업구조조정업무, 국유재산 관리, 체납조세정리 등의 업무를 수행하고 있는 준정부기관이다.
 여기서 운영하는 국내 최고의 공매포털 시스템인 온비드(Onbid)는 Online Bidding의 약어로 한국자산관리공사가 전국 공공기관의 다양한 공매정보를 통합하여 인터넷에서 직접 공매에 참여할 수 있도록 만든 국내 최고의 공매포털시스템이다. 온비드를 활용하면 캠코가 관리하는 국유·압류·수탁재산부터 국가나 지방자치단체, 그리고 공공기관 등 공공부문의 자산까지 공개경쟁입찰 방식으로 투명하고 공정하게 거래할 수 있다.
 국가, 지방자치단체, 공공기관 등은 저렴한 비용으로 공정하고 투명하게 자산을 처분 할 수 있어 재정수입을 확보 할 수 있고, 국민들은 공공기관 등의 다양한 물건을 온라인에서 편리하게 취득할 수 있는 장점이 있다.
 매주 월요일~수요일까지 온라인으로 입찰을 할 수 있으며 목요일 개찰을 실시한다. 입찰방법은 온비드를 통해 공고된 물건에 대해 지정된 인터넷 입찰기간 동안 입찰서를 제출하고 지정된 계좌로 보증금을 납부하면 된다. 가장 높은 가격으로 응찰한 사람이 낙찰자로 결정되며, 나머지 응찰자에게는 응찰자가 기재한 환불계좌로 입찰보증금이 자동 이체된다. 공매의 경우 매각 공고문에 입찰과 관련하여 자세한 사항이 나와 있으므로 반드시 해당 부동산의 매각 공고문을 읽어본 후 입찰하여야 한다.

경매와 공매의 가장 큰 차이점은 압류재산을 낙찰 받을 때의 명도절차에 있다. 경매의 경우 인도명령 제도가 있지만 공매에는 그러한 절차가 없어 매수인의 책임으로 명도를 해야 한다.

공매에 관심을 가지다보면 수탁재산과 유입자산이라는 용어를 볼 수 있다. 유입자산이란 금융기관의 구조개선을 위해 법원 경매를 통해 캠코 명의로 취득한 재산 및 부실 징후 기업을 지원하기 위해 기업체로부터 취득한 재산을 다시 일반인에게 매각하는 부동산을 말하며, 수탁재산은 비업무용자산과 양도소득세 관련 재산으로 나눌 수 있는데, 비업무용자산이란 금융기관 및 기업체 또는 공공기관이 소유하고 있는 업무에 사용하지 아니하게 된 고정자산 및 적기 시정조치에 따라 처분하고자 하는 고정자산 등으로 캠코가 수탁을 받아 일반인에게 매각하는 부동산을 말하며, 양도소득세 관련 자산이란 양도소득세의 비과세 또는 중과 제외 혜택을 받기 위해 캠코에 매각을 의뢰한 부동산을 말한다.

이들 수탁재산과 유입자산의 특징은 물건의 권리관계가 명확하여 별도의 권리분석을 필요로 하지 않으며 공매물건 중 가장 안전한 물건이라는 점이다. 하지만 필자도 몇 번이나 검색해 보았지만 그 물량이 많지는 않아 보였다.

관심의 중요성

무언가에 관심을 가진다는 것은 즐거운 일이며 매우 생산적인 일이다. 관심이 없다면 배울 수도 없고 얻을 수도 없기 때문이다. 지금 필자는 원하는 지역에 농지와 임야를 취득할 목적으로 경매와 공매 사이트를 매주 한 번씩 검색을 하며 원하는 땅이 매각물건으로 나와 있는지를 살펴보고 있다. 아직 마음에 드는 땅이 많지는 않지만 2~3건 정도의 매물이 마음에 들어 좀 더 가격이 떨어지기를 기다리고 있는 중이다. 어떤 일에 관심을 가지고 그 과정을 즐기노라면 어느덧 좋은 결과가 나올 수도 있고, 설령 결과가 좋지 못하더라도 그 과정을 즐기면서 얻는 보람은 있을 것이다. 장차 귀촌을 희망하거나 현재 귀촌을 준비 중인 독자라면 관심을 가지고 살펴야 할 것들이 많다. 귀촌하기 전 준비해야할 것들과 귀촌 후 해야 할 일들이 무엇일까를 생각해보면 무엇에 관심을 가져야할지 깨닫게 되리라 생각한다. 어릴 적 소풍 가기 전의 들뜬 마음처럼 귀촌을 위해 준비하는 과정에서 향유할 수 있는 설렘도 귀촌의 즐거움 중 하나가 아닐까.

6장 전원생활을 위한 내 집짓기

기본계획 및 설계 계약

어디서부터 시작해야 하나?

지금부터 내 집을 지어야 한다. 마음껏 전원생활을 즐길 수 있도록 저렴하고 튼튼하게 잘 지어야 한다. 그런데 어디서부터 시작해야 할지 막막하다. 제일 먼저가 돈 문제가 아닐까 생각한다. 그 다음이 공간을 어떻게 할지, 평면도는 어떻게 그려볼지, 건축법규는 어떻게 되는지, 바닥이나 벽 및 지붕은 어떻게 할지, 건축 재료는 어떤 것으로 할지, 전기나 배관은 어떻게 할지, 건축허가는 어떻게 받을지, 시공은 누구에게 맡길지 등등 건축에 앞서 고민해야 될 문제들이 많다. 우선 돈 문제로부터 시작해 보자.

예산 검토 : 농촌에 집을 한 채 짓는 데 얼마만큼의 돈이 들어갈까. 10억짜리 100억짜리 집을 지을 사람들에게는 해당되지 않겠지만 이제 겨우 중산층에 진입했다고 자부하는 필자와 같은 사람들에게는 대단히 중요한 문제이다. 주요 예산항목엔 토지대금, 토목설계비, 건축설계비, 토목 및 건축공사비, 각종 시설 인입비용, 각종 부담금과 제세공과금 등이 있다. 물론 처음부터 집을 지을 계획으로 토지를 매입하였다면 매입하기 전부터

이미 예산에 대한 검토가 있었을 것이다. 집을 지을 수 있는 토지는 지역마다 편차가 크지만 2023년 현재 충남 당진의 면단위를 예로 들면 평당 20만 원대부터 200만 원대까지 다양하다. 생활편의시설과의 거리와 도로의 위치 등에 따라 가격차이가 많다. 조금 불편하더라도 저렴한 땅을 매입할 것인가 조금 비싸더라도 도심권에 가깝고 도로사정이 좋으며 후일 지가상승도 기대할 수 있는 땅을 매입할 것인가를 생각해 보아야 한다.

땅의 위치에 따라 토목공사비, 전기·수도·가스 인입공사비, 성토비용 등이 추가될 수 있으며 후일 집의 주향을 결정할 때도 영향이 있으므로 땅의 형상이나 도로와의 고저차 및 주변 경관도 잘 살펴볼 필요가 있다. 물론 농지보전부담금이나 취득세 등도 고려해야 한다. 몇 평짜리 집을 어떤 자재를 써서 지을까도 중요 고려사항이다.

우리의 삶도 그렇듯이 모든 일이 뜻대로 계획대로 되지는 않는다. 예산도 마찬가지로 당초 계획에서 빗나가기 마련이다. 아무리 꼼꼼하게 따지고 점검해도 건축 과정에서 예상치 못한 일들이 일어나 추가비용이 발생하는 경우가 비일비재하다. 자재공급이 지연되거나 인부들이 작업시간을 질질 끈다거나 토지에서 암반이나 폐기물이 나오는 등 변수는 많고 많다. 따라서 예산수립 시 건축비 대비 약 10% 정도의 예비비 책정은 필요해 보인다.

공간 검토 : 최대한 효율적으로 내부공간을 사용하기 위해서는 사전에 공간 계획을 충분히 검토해야 한다. 방의 수, 화장실 수, 부엌 및 거실의 넓이, 출입구, 다락방, 각 공간의 크기 등 필요 공간을 검토하면서 모눈종이에 축척을 반영하여 연필로 미리 평면도를 그려보는 것도 좋다. 지웠다 그리기를 반복하면서 상상의 나래를 마음껏 펼쳐보자. 집이라고 한정된

공간으로만 사용할 것이 아니라 풍요롭고 아름다운 외부의 풍경을 내부로 끌어들여 편안하고 안락함에 감성까지 즐길 만한 공간구성이라면 금상첨화다. 내가 살 집인데 설계사무소에서 그려 온 판에 박힌 평면도보다는 나의 취향을 충분히 반영하는 것이 좋지 않을까. 후일 귀촌을 생각한다면 인터넷이나 잡지 등에 마음에 드는 평면도 등이 있을 때마다 스크랩을 해놓거나 사진을 찍어두면 나중에 설계사무소와 협의하기 수월하다.

건축법규 확인 : 알아야 면장도 한다고 했던가. 해당 지역의 건축조례 및 도시계획조례 등과 건축허가 절차, 법적 요건, 필수적으로 갖추어야 할 사항 및 필요서류 등을 사전에 잘 알아 둘 필요가 있다. 아파트를 분양 받는 것은 전문가들의 사전 검토를 거친 물건을 매매하는 것이고 건축에 대해 내가 책임지는 것이 아니기에 큰 문제가 없겠지만, 내 집을 짓는 것은 내가 사업주체이고 모든 책임이 나에게 있으며 내가 건축 전체 과정을 감독해야 하기 때문에 알아야 한다. 아주 전문적인 사항까지는 아니더라도 대략적인 절차와 무엇이 잘못되고 있는지 정도는 알아야 불측의 손해를 예방할 수 있다.

건축구조 및 건축재료 검토 : 건축물의 구조는 목구조, 철근콘크리트구조, 철골철근콘크리트구조, 벽돌구조, 경량철골구조, 통나무구조, 중목구조 등 다양하다. 각각의 가격과 장단점에 차이가 있으므로 독자의 예산을 감안하여 결정하면 된다. 최근 귀촌하는 사람들의 경향은 저렴하고 튼튼하며 공사하기 편리한 경량철골구조의 집을 많이 짓는 것으로 보인다. 경량철골구조란 철판을 접어서 만든 C형강이나 각 파이프를 사용하여 트러스 구조를 만든 후 기둥, 보 및 지붕의 틀을 만드는 구조를 말한다. 벽체와 지붕은 자체가 단열재 역할을 하는 샌드위치 패널을 붙여 만드는 것이 일반적이다. 골조로 철재를 사용하기 때문에 자재에 녹이 스는 것을 방지하기 위해 방청페인트나 아연도금으로 덧입혀진 것을 사용하며, 외부마감은 써모사이딩이나 시멘트사이딩 등을 이용하고 내부마감은 석고보드 등을 사용한 후 도배로 건물을 완성한다.

집의 구조나 자재를 선택할 때에는 단가, 시공성, 디자인, 내구성 및 유지관리 측면을 고려하여 독자의 예산과 건축 목적에 가장 적합한 것을 선택하면 될 것이다. 사방이 개방된 단독주택의 경우 단열을 무시할 수 없다. 이 단열재를 구조체의 외부에 붙일 것인지 내부에 붙일 것인지는 주택의 이용 상황에 따라 다를 수 있다.

주말주택 등 가끔 사용하는 주택의 경우엔 내부단열을 하고 상주하는 주택은 외부단열을 하는 것이 열효율이나 내부공기의 쾌적한 온도유지에 효과적이기 때문이다. 각 구조별 특성이나 장단점 그리고 각종 자재의 가격이나 시공성 및 디자인 등에 대해서는 인터넷 검색을 통해 잘 살펴보고 결정하면 될 것이다.[87]

전기 및 배관 설계 검토 : 원래는 배관 피트라는 설비공간을 만들어 전기 및 각종 배관을 설치하는 것이 원칙이겠으나 일반주택의 경우엔 비용이나 공간의 문제가 있기 때문에 그렇게 하지 못하고 기초 콘크리트를 타설하기 전에 배근된 철근과 버림 콘크리트 사이에 배관 및 합성수지 파형관(ELP 전선관이라고도 함)을 매립한 후 콘크리트를 타설하게 된다. ELP 전선관은 고밀도 폴리에틸렌이 주원료이며 외부 송전시설(변압기 등)에서

---

[87] 필자는 youtube에서 건축기술사 칠칠이가 운영하는 '772건축이야기' 채널과 '선례의 건축이야기' 채널을 보고 많은 공부를 하고 있다. 특히 772건축이야기 채널은 이 책을 집필하는 과정에서 많은 도움이 되었으며, 운영자님께 지면으로나마 감사드린다.

건물 인입단자까지 지중에 매설하여, 전력용 케이블을 보호하는 데 사용되는 관을 말한다.

배관은 오수나 생활하수를 흘려보내는 관으로 통상 100미리미터짜리 PVC관을 사용한다. 매설되는 배관이나 전선관의 도면이 있으면 검토하기도 편리하겠지만 보통은 도면이 없고 어디로 연결하라는 계통도만 있으므로 건축주가 잘 체크하여 지시해야 한다.

배관의 설치는 최소화하는 것이 중요하며, 가능하면 일자형으로 배치하여 물 빠짐이 좋게 하여야 한다. 배관의 기울기는 100:1 정도가 가장 적당하다. 즉, 1미터에 1센티미터 정도의 기울기면 된다. 일반인들은 기울기를 많이 주면 물이 잘 빠진다고 생각하기 때문에 기울기를 많이 해 달라고 하는 건축주도 더러 있지만 너무 기울기를 많이 주면 물과 오물질의 흐름 속도 차이로 인해 배관 속에 잔여물이 남을 수 있으므로 주의해야 한다. 또 오수와 생활하수가 만나는 지점인 오수받이의 배관 연결도 잘 살펴보아야 한다.

오수관은 물이 나가는 방향의 관과 일직선이 되게 하고, 오수관과 생활하수관이 서로 직각이 되게 연결하면 화장지 등 오물로 인해 생활하수관이 막힐 수 있다. 혹시 있을지 모를 배관 막힘에 대비해 적정위치에 한두 군데 정도 소제구를 둘 필요성도 있다. 소제구를 두지 않으면 나중에 후회할 일이 생길 수도 있기 때문이다.

전기는 실내에 설치할 전등, 콘센트, 스위치 등의 위치가 중요하다. 나중 가구배치까지 고려해서 필요한 곳에 적절히 배치하여 분전함으로부터 최대한 짧고 깔끔하게 배선이 되어야 한다. 공사 완료 후 필요한 곳에 콘센트가 설치되지 않아 멀티 콘센트를 사용하게 되면 번거롭고 실내가 지저분해질 뿐이다.

설계도면 검토 : 설계계약을 하기 전 설계사무소가 그려준 설계도면을 꼼꼼히 살펴보고 내가 원하는 대로 잘 그려졌는지, 죽은 공간(dead space)은 없는지, 시공성이나 원가 측면에서 비효율적인 부분은 없는지, 다시 수정할 부분은 없는지 등을 체크해야 한다. 물론 공사 도중에도 설계를 변경할 수는 있으나 설계사 입장에서 좋아할 리 없고 비용이 추가될 수도 있으니 설계계약 전 어느 정도 결정을 해놓는 것이 좋다.

대형건설사들이 보통 공사 착공 전 관련자들과 도면을 보면서 Value Engineering이란 절차를 거친다. 원가는 최대한 절감하고 상품은 최대한 우수하게 만들기 위해 거치는 필수적인 절차이다. 개인이라고 하지 말라는 법이 없다.

공사 전이든 공사 중이든 세심하게 도면을 살펴서 원가는 최소화하고 주택의 질은 최대화할 수 있도록 부단히 노력해야 한다. 잘 모르면 관련 전문가에게 자문이라도 받아 가면서 지식을 쌓아두는 것이 비용을 최소화할 수 있는 방법이다.

이상과 같이 사전 점검이 완료되었다면 이제 설계사무소를 결정하여 가설계를 받아보고 협의를 거쳐 설계계약을 해야 할 차례이다.

토목 및 건축 설계계약

주택의 건축에서 제일 중요한 것을 꼽으라면 필자는 설계사무소 선정이라고 답한다. 왜냐하면 설계는 건축의 첫 단추이면서 마지막 단추이기 때문이다. 이러한 설계에는 두 종류가 있는데 건축설계와 토목설계이다. 설계는 특수한 경우가 아니라면 건축사가 아니면 할 수 없도록 되어 있으며,[88] 거의 모든 것이 설계에서 결정된다고 보면 된다.

시공은 그 설계도가 지시하는 대로 공사만을 하는 절차이다. 필자의 다른 졸저에서도 언급한 바 있지만[89] 필자가 대표로 재직하던 회사가 시행하는 아파트신축사업에서 설계사무소의 법률 변경사항 반영 누락으로 인해 10억여 원의 민원해결 비용이 추가된 사례도 있었다. 꼼꼼하지 못한 설계사무소와 일을 하면 얼마든지 발생할 수 있는 일이다.

또 얼마 전까지 필자가 부사장으로 재직했던 회사가 시행하는 아파트신축공사의 토목설계사무소는 인허가를 태만히 하여 법적으로 아무런 문제가 없는 사업지에 대해 개발행위 불허가처분이 떨어지도록 내버려두어 행정심판까지 해야 하는 지경이 되었다. 그 금리며 손해는 누가 책임질 것인가. 고스란히 건축주 몫이다. 그만큼 유능하고 일 잘하는 설계사무소 선정이 중요하다. 물론 대가를 받긴 하지만 자기 일처럼 최선을 다 해 열심히 뛰어주는 사람이 필요하다.

터 잡기를 비롯하여 인허가, 각종 토목공사, 건축에 필요한 모든 도면, 각종 외부자재 및 마감자재 그리고 준공까지 설계사무소가 관여하지 않는 부분이 없으니 더욱 그렇다. 설계사무소는 도면을 그리는 일이 주요 업무이긴 하지만 집을 짓는 건축주 입장에서 보면 해당 지역에서 인허가를 잘받는 일이 몇 배는 더 중요하다. 그러기에 토목이든 건축이든 설계사무소를 선정할 때에는 사전에 지인을 통해서든 중개사무소를 통해서든 해당 지역에서 일 잘하는 곳 두세 군데를 소개 받아 견적을 받아 보고 그 중 한 군데를 선정하여 업무협의를 시작하는 것이 좋다.

설계비, 업무의 범위, 인허가 기간, 진입도로, 배수로, 독자가 원하는 평면, 옹벽 등 추가로 비용이 들어갈만한 시설물 등에 대해 충분한 협의를

---

88) 건축법 제23조 참조
89) 부동산개발사업의 사업성검토 및 시행, 어드북스, 2020. 참조

거치고난 후 마음에 든다면 설계계약을 하면 될 것이다.

건축설계는 건축물을 만들기 위하여 요구되는 기능과 형태와 구조를 결정하고 물리적 형식을 구체화하는 과정을 말한다. 따라서 건축계획을 조정하고 배열하고 구조화하여 도면을 통해 실질적으로 건축물을 구상하는 과정을 말한다. 설계 과정은 각 분야 기술 전문가가 건축물을 짓기 위해 협업하여 공사비, 자재, 일정, 법적인 기준 등을 검토하고 도면, 서류 등을 통해 구체화하는 프로세스이다.

건축설계 계약 시 설계계약서는 국토교통부에서 마련한 건축물 표준설계계약서를 사용하되, 이 계약서 내용 중 소규모 건축에서는 불필요한 부분들을 삭제하고 사용하면 무난할 것이며, 상호 협의 하에 추가할 사항은 별도로 삽입하여 계약서를 작성하면 될 것이다. 실제 현장에서는 서로 잘 아는 사이일 경우 계약서 없이 구두계약만으로 일을 진행하는 경우도 있으나 혹여 발생할지 모르는 분쟁을 대비해 문서로 남겨 두는 것이 좋으리라 생각된다.

토목설계사무소는 주로 측량설계사무소 또는 토목측량설계사무소라는 간판을 달고 있다. 이들이 현장에서 가장 먼저 진행하는 일이 현황측량이기 때문이기도 하고 측량을 해야 토목설계도 할 수 있기에 그러리라 생각한다.

현황측량은 토지의 레벨, 기존도로의 위치, 기존 배수로 등 토지 및 주변 시설물의 위치를 측량하는 것을 말한다. 현황측량이 끝나면 도면 정리를 하여 부지를 어떤 식으로 조성할지, 절토나 성토할 부분이 있는지 등의 계획고 작업을 하게 된다. 계획고에 따라 옹벽이나 보강토 옹벽, 돌쌓기 등이 있을 수 있고, 절토는 사면계획으로 처리하게 된다. 한번 절토한 부지는 재시공이 어렵고 공사비와도 직결되기 때문에 계획고 선정이 토목설계에서는 가장 중요하다고 보면 된다. 토목설계가 완료되어야 이를 바탕으로 다음 공정인 건축설계가 가능하다.

토목설계사무소의 업무범위에는 통상 현황측량 및 성과도, 개발행위허가, 농지전용허가, 산지전용허가, 구거나 도로점용허가, 국공유지 사용허가, 진입로나 정화조, 배수로, 상하수도 및 주차장 공사 등이 포함된다. 물론 사적자치의 원칙에 따라 당사자 간 합의만 있다면 계약내용은 얼마든지 달라질 수 있다.

토목과 건축 설계비는 어느 정도가 적정한가가 궁금하겠지만 30평 내외의 주택을 짓는다면 각각 500만원 이내에서 협상 가능하리라 생각한다. 그것도 협상 상대에 따라 차이가 있을 수 있으니 잘 아는 지인을 통하면 조금은 조절 가능할 것이다. 위 토목설계 내용 중 건축주 입장에서 건축허가 접수 전 미리 알아두어야 할 사항에 대해 언급코자 한다. 농지전용과 산지전용에 대해서는 이미 설명한 바 있고, 진입도로에 대해서는 별도의 장에서 설명하기로 하였으므로 여기서는 구거 및 도로 그리고 국공유지 점용·사용허가와 개발행위허가 및 배수로에 대해 살펴본다.

진입도로가 없으면 건축은 불가능하다고 보면 된다. 그렇다면 내 땅과 도로 사이에 구거가 있다면 어떻게 될까? 시골의 구거는 평소에 물이 흐르지 않고 메말라 있거나 물길이라고 보기 어려운 경우도 있고, 도로의 일부로 사용되고 있거나 전혀 다른 용도로 사용되고 있는 경우도 있어 육안으로는 식별하기가 힘들 때도 있다. 따라서 땅을 살 때에 길에 연접한 것으로 생각하기 쉽다.

그러나 구거가 실제로 도로의 일부로 사용되고 있는 현황도로일지라도 지적도상으로는 분명히 구거로 남아 있어 이에 접한 땅은 맹지가 되는 것이다. 마찬가지로 내 임야와 그 산 밑의 지방도로 사이에 구거가 있는 경우에도 내 임야는 지적도상 진입도로가 없는 맹지상태가 된다. 맹지인 땅에는 주택을 지을 수 없다.

이런 경우 인접한 구거 위에 다리를 놓거나 일부 복개공사를 하여 진입도로로 쓰려고 한다면 구거 점용허가가 필요하게 된다. 또 도로의 일부를 점용하지 않으면 안 되는 경우도 있다. 이럴 경우에는 도로 점용허가를 득해야 한다. 도로도 아니고 구거도 아닌 국공유지를 점용해야 할 경우에는 국공유지 사용허가를 받아야 한다.[90] 이러한 문제들 또한 토목설계 계약시에 반드시 체크해야 할 주요사항이다.

---

90) 이런 경우가 드물어 여기에서의 설명은 생략한다. 자세한 사항을 알고 싶은 독자가 있다면 국유재산법이나 공유재산 및 물품 관리법을 참조하면 될 것이다.

건축공사 전 사전 체크사항

구거의 점용허가 및 점용료에 대해 살펴보면 다음과 같다

구거는 두 가지로 나뉜다. 농업용인 경우와 농업용이 아닌 경우이다. 허가를 받아야 하는 관리청이 서로 다르고 점용료도 서로 다르며 적용 법률도 서로 다르다.

먼저 농업용인 농업생산기반시설로서의 구거인 경우에는 농어촌정비법의 적용을 받으며, 그 구거의 관리자가 한국농어촌공사인 경우 점용면적에 관계없이 한국농어촌공사로부터 목적 외 사용허가를 받으면 되나, 관리자가 한국농어촌공사가 아닌 경우에는 점용면적이 300제곱미터를 초과하면 시장·군수·구청장으로부터 농업생산기반시설의 목적 외 사용허가를 받아야 한다.[91]

진·출입로로 사용할 경우 사용기간은 10년이다. 점용료는 그 토지의 공시지가의 5%이다. 공시지가가 정해지지 아니한 경우에는 '부동산 가격공시에 관한 법률' 제3조 제8항에 따른 토지가격 비준표에 따른 평가액

---

91) 농어촌정비법 제23조 및 동법 시행령 제31조 참조.

또는 '감정평가 및 감정평가사에 관한 법률' 제3조에 따라 감정평가법인 등이 감정한 평가액으로 하되, 통행로나 진입로 등으로 사용될 경우로서 감정평가 비용이 연간 예상 사용료 징수액에 비추어 과다하다고 인정되면 유사한 이용 가치를 가진 인근 토지의 공시지가를 기준으로 하여 점용료를 산정한다.

다음은 구거가 농업용이 아닌 지자체에서 관리하는 경우엔 공유수면 관리 및 매립에 관한 법률의 적용을 받으며,[92] 관리청으로부터 공유수면의 점용·사용 허가를 받아야 한다. 사용료 또는 점용료는 인공구조물의 경우 인접한 토지가격의 3%이다. 토지가격이란 '부동산 가격공시에 관한 법률' 제10조에 따라 결정·공시된 개별공시지가를 말하며 점용료·사용료 부과·징수 당시의 개별공시지가를 기준으로 한다. 다만, 개별공시지가가 결정·공시되지 아니한 경우에는 인근 유사토지의 토지가격 등을 고려하여 공유수면관리청이 결정하며, 점용·사용허가를 받은 공유수면에 접한 토지가 여러 필지인 경우에는 공유수면에 접한 토지의 가격을 산술평균한 금액을 적용한다. 이 경우 인접한 토지의 필지별 지목이 서로 다른 경우에는 공유수면에 접한 길이를 고려하여 가중 평균하여 적용한다.[93]

도로의 점용허가 및 점용료에 대해 살펴보면 다음과 같다

도로의 점용허가를 받으려는 자는 도로법에 따른 점용허가신청서를 작성하여 해당 도로관리청에 제출하여야 한다.[94] 도로의 점용료는 점용물의

---

92) 공유수면 관리 및 매립에 관한 법률 제8조 및 제13조 참조
93) 공유수면 관리 및 매립에 관한 법률 시행규칙 제11조 제2항 관련 별표2 점용료·사용료의 산정방식 참조
94) 도로법 제61조, 동법 시행령 제54조 참조

종류와 점용도로의 소재지에 따라 차이가 있으나 진출입로로 사용하기 위한 점용인 경우엔 연간 토지가격의 2%이다.

토지가격은 도로점용 부분과 닿아 있는 토지(도로부지는 제외)의 '부동산 가격공시에 관한 법률'에 따른 개별공시지가로 한다. 이 경우 도로점용 부분과 닿아 있는 토지(도로부지는 제외)가 2필지 이상인 경우에는 각각 닿아 있는 부분의 비율을 반영한 가중평균가격으로 하도록 되어 있다. 점용료를 연액(年額)으로 산정하는 경우로서 그 산정기간이 1년 미만인 경우에는 매 1개월을 12분의 1년으로 하고, 이 경우 1개월 미만의 단수는 계산하지 아니한다.[95]

개발행위허가에 대해

건축물을 건축하고 토지의 형질을 변경하기 위해서는 반드시 개발행위허가를 받아야 한다.[96] 농지의 경우엔 농지보전부담금이 있어 경제적으로 좀 부담스럽긴 해도 그 조건이 그렇게 까다롭진 않지만 산지를 전용할 경우엔 경사도, 입목축적, 기준점 대비 표고, 주변경관과의 조화, 산사태 등급 등 따지는 것들이 많아 자칫 불허가 처분이 떨어질 수 있다. 특히 토지의 개발을 장려하지 않는 지역의 경우에는 법적으로 아무런 하자가 없는 도시지역 자연녹지일지라도 이런저런 이유를 들어 개발행위허가 자체를 해주지 않는 곳도 있으니 주의할 일이다.

독자들도 개발행위허가기준이라는 것을 자세히 살펴보면 대충 눈치 채겠지만 법문이 명확하지 않고 이현령비현령식의 해석이 가능하도록 만들

---

95) 도로법 시행령 제69조 제1항 관련 별표3 점용료 산정기준 참조
96) 국토의 계획 및 이용에 관한 법률 제56조 참조

어져 있다. 이로 인해 지자체의 자유재량이 너무 확대되어 비리의 온상이 될 여지가 충분하다.

어느 지방에서는 개발행위허가를 받기 위해서 시장과 사전에 얘기되지 않으면 안 된다고 인허가 대행사들이 얘기할 정도다. 어느 지자체든 단독주택 한 채 짓는데 그렇게야 하지 않겠지만 허가기준이 애매모호하기 때문에 인허가를 잘 하는 설계업체를 선정해야 한다고 그렇게 강조하는 것이다. 개발행위허가에 대해서 이정도 설명하고, 전체적인 내용은 그 부피가 많아 여기에 모두 적을 수는 없어 독자들의 학습능력에 맡긴다. 관련 법률은 국토의 계획 및 이용에 관한 법률과 동법 시행령 및 시행규칙, 국토교통부 훈령인 개발행위허가 운영지침, 해당 지자체의 도시계획조례를 참조하여 개발행위허가를 진행하면 크게 어려움은 없을 것이라 생각한다.

배수로에 대해

도로가 없으면 건축을 할 수 없다는 것은 대부분 알고 있으나, 상수도와 하수도에 대해서는 잘 모르는 경우가 많다. 그도 그럴 것이 필자도 약 4년 전인가 전원생활에 관심을 갖고 관련 책을 집필해 보겠다고 마음먹기 전까지는 까마득히 몰랐으니 말이다.

상수도의 경우 상수도가 인입되거나 지하수의 수질 조건이 기준치를 만족하면 되고, 하수도의 경우 하수처리장으로 연결되는 관로에 연결이 가능하거나 정화조를 사용할시 정화조에서 나오는 오수를 합법적으로 처리할 수 있는 배수로가 확보되어야 한다. 즉, 오수관이 구거나 하천으로 연결이 가능해야 집을 지을 수 있다. 예외가 없는 것은 아니다. 도로·상수도 및 하수도가 설치되지 아니한 지역에 건축물을 건축할 수 있는 경우도 있다. 경기도 양평군의 도시계획조례를 보면,[97] 군수는 다음 각 호의 어느 하나에 해당하는 경우에는 도로·상수도 및 하수도가 설치되지 아니한 지역에 대하여도 무질서한 개발을 초래하지 아니하는 범위에서 건축물의 건축 및 건축을 목적으로 하는 토지의 형질변경을 허가할 수 있다.

① 신청지역에 신청인이 인접하는 기존시설과 연계되는 도로·상수도 및 하수도를 설치할 것을 조건으로 하는 경우(상수도에 갈음하여 '먹는 물 관리법'에 의한 먹는 물 수질기준에 적합한 지하수 개발·이용시설을 설치하거나, 하수도에 갈음하여 '하수도법'에 따른 개인하수처리시설을 설치하는 것을 포함)
② 창고 등 상수도·하수도의 설치를 필요로 하지 아니하는 건축물을 건축하고자 하는 경우로서 도로가 설치되어 있거나 도로의 설치를 조건으로 하는 경우
③ 생산녹지지역·자연녹지지역·생산관리지역·계획관리지역 또는 농림지역 안에서 농업·임업·어업 또는 광업에 종사하는 자가 해당 지역 안에서 거주하는 기존의 주거용 건축물 및 그 부대시설의 건축(신축은 제외)을 목적으로 1천 제곱미터 미만의 토지의 형질을 변경하고자 하는 경우

이처럼 예외가 있긴 하지만 그 예외라는 것도 행간을 자세히 읽어 보면 ①항은 최소한 정화조라고 하는 개인하수처리시설은 설치해야 하므로 결국 그 정화조부터 나오는 오수를 배출할 배수로가 있어야 한다는 것이고, ③항은 기존 농업인이 자기 건물을 재축하는 경우이므로 이제 전원생

---

97) 경기도 양평군 도시계획조례 제19조 참조

활을 하려는 사람들에게는 적용되지 않는 것이니 결국 배수로가 없으면 건축은 불가하다는 말과 크게 다를 게 없어 보인다.

국토의 계획 및 이용에 관한 법률 시행령 별표1-2 개발행위허가기준을 보면 도로·수도 및 하수도가 설치되지 아니한 지역에 대하여는 건축물의 건축(건축을 목적으로 하는 토지의 형질변경 포함)을 허가하지 아니할 것. 다만, 무질서한 개발을 초래하지 아니하는 범위 안에서 도시·군 계획조례가 정하는 경우에는 그러하지 아니하다고 명기되어 있는 것을 보면, 내가 건축할 집에서 나오는 오수를 배출할 배수로가 없다면 건축은 물론이고 건축 전단계라고 할 수 있는 개발행위허가 자체를 득할 수 없다는 전제 하에 제반업무 처리를 하는 것이 옳을 것이다.

설령 내 땅에서 좀 떨어진 곳에 배수로가 있다고 해도 남의 땅을 거쳐 배수관을 매립해야 하는데 아무런 이득도 없는 배수관이 자기 땅 밑을 통과하도록 동의해 줄 사람이 있을 리 만무하다. 차라리 진입도로를 만든다면 자기 돈 안들이고 도로도 만들고 지가 상승도 기대할 수 있으니 동의해 줄 수도 있을지 모르겠지만 말이다. 하여간 건축을 위한 땅을 매입하거나 경매에 참여를 할 때에는 반드시 현장을 방문하여 배수로와 도로가 접해 있는지를 확인해 보길 바란다. 이쯤에서 전원주택에 거의 필수적으로 필요한 정화조에 대해서도 좀 살펴보자.

정화조에 대해

사람이 살면서 먹고 배출하는 문제만큼 중요한 게 없다. 예전의 시골엔 집집마다 임의로 변소를 설치하여 오수문제를 해결하였지만 지금은 오수

문제를 해결하지 않으면 아예 건축을 할 수 없다.

하수도법에 따르면 다음과 같은 경우를 제외하고는 오수를 배출하는 건물·시설 등을 설치하는 자는 단독 또는 공동으로 개인하수처리시설을 설치하여야 한다.[98]

① 오수를 흐르도록 하기 위한 분류식하수관로로 배수설비를 연결하여 오수를 공공하수처리시설에 유입시켜 처리하는 경우
② 공공하수도 관리청이 환경부령으로 정하는 기준·절차에 따라 하수관로정비구역으로 공고한 지역에서 합류식하수관로로 배수설비를 연결하여 공공하수처리시설에 오수를 유입시켜 처리하는 경우
③ 건물 등을 설치하는 자가 오수를 분뇨수집·운반업자에게 위탁하여 공공하수처리시설·공공폐수처리시설 또는 자기의 오수처리시설로 운반하여 처리하는 경우
④ 건물 등을 설치하는 자가 오수를 같은 사업장에 설치된 오수처리시설로 운반하여 처리하는 경우

통상 정화조 설치를 면제 받는 경우는 위 ①항의 경우이다. 즉, 내 집 가까이에 분류식하수관로가 통과할 경우 이 하수관로에 각각 오수와 우수관을 연결할 경우엔 개인정화조 설치를 하지 않아도 된다. 여기서 합류식하수관로란 오수와 하수도로 유입되는 빗물·지하수가 함께 흐르도록 하기 위한 하수관로를 말하고, 분류식하수관로란 오수와 하수도로 유입되는 빗물·지하수가 각각 구분되어 흐르도록 하기 위한 하수관로를 말한다. 따라서 하수관로와 직접 연결함으로써 정화조 설치를 면제 받으려

---

98) 하수도법 제34조, 동법 시행규칙 제25조 및 제26조 참조

면 인근 하수관로가 분류식인지 합류식인지를 먼저 확인해 보아야 한다. 상기 예외 사항에 해당되지 않는다면 무조건 개인하수처리시설을 설치하여야 한다.

개인하수처리시설의 설치기준 [99]

① 하수처리구역 밖
  1) 1일 오수 발생량이 2세제곱미터를 초과하는 건물·시설 등을 설치하려는 자는 오수처리시설(개인하수처리시설로서 건물 등에서 발생하는 오수를 처리하기 위한 시설을 말함)을 설치할 것
  2) 1일 오수 발생량 2세제곱미터 이하인 건물 등을 설치하려는 자는 정화조(개인하수처리시설로서 건물 등에 설치한 수세식 변기에서 발생하는 오수를 처리하기 위한 시설을 말함)를 설치할 것
② 하수처리구역 안(합류식하수관로 설치지역만 해당) : 수세식 변기를 설치하려는 자는 정화조를 설치할 것

하수처리구역은 하수를 공공하수처리시설(하수종말처리장)에 유입하여 처리할 수 있는 지역으로 하수도법에 의하여 공고된 구역을 말하며, 공공하수도 관리청이 하수관로로부터 직선거리 300미터의 범위에서 정하되, 하수처리구역의 지정범위에 관한 세부기준은 지방자치단체의 조례로 정할 수 있다. 지자체에 따라 발 빠르게 토지이용계획 확인서상에 하수처리구역 해당 여부를 확인할 수 있도록 해놓은 곳도 있다.
집을 지을 토지가 하수처리구역 안에 있을 경우에는 정화조가 필요 없

---

99) 하수도법 시행령 제24조

기 때문에 정화조 설치비용과 관리비용을 절감할 수 있다. 정화조를 설치할 경우에는 일반 가정용의 경우 통상 5인용 정화조를 설치하고 있다.[100] 다만 이러한 토지는 하수처리구역 밖에 있는 토지보다는 가격이 비쌀 수밖에 없을 것이며, 하수관로와 연결할 때 발생하는 공사비 등은 개인이 부담해야 함은 물론이다.

개인하수처리시설 설치기준에 관한 세부내용[101]

① 개인하수처리시설의 규모는 처리대상 오수를 모두 처리할 수 있는 규모 이상이어야 한다.
② 정화조는 하수도법 제52조 제3항에 따라 환경부령으로 정하는 구조 및 규격기준에 맞아야 한다.
③ 시설물의 윗부분이 밀폐된 경우에는 뚜껑(오수처리시설의 경우 직경 60cm 이상, 정화조의 경우 처리대상 인원이 10명 이하는 45cm 이상, 20명 이하는 50cm 이상, 30명 이하는 55cm 이상, 31명 이상은 60cm 이상)을 설치하되, 뚜껑은 밀폐할 수 있어야 하며, 잠금장치를 설치하거나 뚜껑 밑에 격자형의 철망 등을 설치하는 등 안전하게 설치하여야 한다.
④ 시설물의 뚜껑이 보행자 또는 차량의 통행이 가능한 곳에 노출된 경우에는 주변과 구별될 수 있도록 색칠을 하고, 뚜껑의 상부에는 보행자 및 차량의 접근 주의를 알리는 안내문을 새겨야 한다.
⑤ 시설물은 구조적으로 안정되어야 하고 천정·바닥 및 벽은 방수되

---

100) 환경부고시 제2021-59호 건축물의 용도별 오수발생량 및 정화조 처리대상인원 산정방법 참조
101) 하수도법 시행령 제24조 관련 별표 1의6

어야 한다.
⑥ 시설물은 부식 또는 변형이 되지 아니하여야 한다.
⑦ 시설물은 발생가스를 배출할 수 있는 배출장치를 갖추어야 하되, 배출장치는 이물질이 유입되지 아니하는 구조로 하며, 방충망을 설치하여야 한다.
⑧ 오수처리시설은 유입량을 24시간 균등 배분할 수 있고 12시간 이상 저류(貯留)할 수 있는 유량조정조를 설치하여야 한다. 다만, 1일 처리용량이 100세제곱미터 이상인 경우에는 10시간 이상 저류할 수 있는 유량조정조를 설치하여야 한다.
⑨ 시설물에는 악취를 방지할 수 있는 시설을 설치하여야 한다. 다만, 하수처리구역(합류식하수관로 설치지역만 해당한다)에 설치된 1일 처리대상인원 2백 명 이상인 정화조의 경우에는 배수설비에 공기공급장치 등 물에 녹아있는 악취물질을 제거하는 시설을 추가로 설치하여야 한다.
⑩ 시설물은 기계류로 인하여 발생되는 소음 및 진동이 생활환경에 지장이 없는 수준이어야 한다.
⑪ 오수배관은 폐쇄, 역류 및 누수를 방지할 수 있는 구조이어야 한다.
⑫ 시설물은 방류수수질검사를 위하여 시료를 채취할 수 있는 구조이어야 한다.
⑬ 콘크리트 외의 재질로 시설물을 제작·설치하는 경우에는 다음 각 목의 요건을 만족하여야 한다.
 1) 지반 및 시설물 윗부분의 하중 등을 고려하여 시설물이 내려앉거나 변형 또는 손괴되지 아니하도록 콘크리트로 바닥에 대한 기초공사를 하여야 하고, 시설물의 상부 또는 측면의 하중으로 인하여 시설

물의 보강이 필요한 경우에는 콘크리트 재질로 해당 시설물의 상부 또는 측면에 슬래브 및 보호벽 등을 설치하여야 한다.
2) 시설물을 원형으로 제작하는 경우에는 시설물이 수평을 유지할 수 있어야 한다.

위의 세부내용을 참조하여 실제 정화조 설치 작업 시 현장에서 설치기준에 맞도록 공사가 진행되고 있는지 확인해 볼 필요가 있다.

이미 앞에서도 몇 차례 배수로로 사용될 구거의 중요성을 강조했지만, 일반인들이 대지로 사용할만한 토지를 구입할 때 도로가 있는지 여부에는 관심이 많으나 구거가 있느냐고 물어보는 사람은 거의 없다. 그러나 구거가 내 땅과 접하지 않으면 정화조를 통하여 정화되어 나온 물이 흘러 내려갈 곳이 없으므로 건축허가가 불가하며 당연히 건축을 할 수 없을 뿐만 아니라 땅을 되팔 경우에도 저렴한 가격에 매도할 수밖에 없다는 점을 명심해야 한다.

주의할 점은 정화조에서 흘려보내는 오수가 사유지인 구거를 통과하거나 분류식하수관로까지 하수관을 연결하기 위해 불가피하게 타인의 토지 아래를 통과해야 한다면 정화조 설치 신고나 하수관로와의 연결공사를 할 때 그 토지소유자들의 동의서가 필요하다는 점이다.

정화조 공사는 특수한 경우가 아니면 개인이 직접 할 수는 없으며, 법률에 정해진 사업자에게 설계 및 시공을 하도록 해야 한다.[102]

---

102) 하수도법 제38조 참조

정화조의 준공검사를 신청할 때에는 설치과정에 대한 사진이 필요하므로 공사 처음부터 마지막까지 꼼꼼하게 현장 사진을 찍어두어야 한다. 왜냐하면 하수도법 시행규칙에 따르면 준공검사를 실시하는 공무원은 준공검사 신청일로부터 5일 이내에 현장을 방문하여 시설용량의 적정여부, 오배수관 설치상태의 적정여부, 설치신고사항과 부합하는지 여부, 방수처리 여부, 설치된 시설의 재질 및 처리공법 등 법률에 명시된 사항을 모두 검사한 후 준공검사조사서를 작성해야 하기 때문이다.[103]

사진을 찍을 때에도 이러한 조사내용을 입증할 수 있도록 촬영되어야 함은 물론이다. 또 정화조를 사용하기 시작하면 연 1회 이상 내부 청소를 하도록 되어 있다. 물론 지자체에서 위탁받은 분뇨수집·운반업자가 처리한다.[104]

상수도에 대해

요즈음엔 농촌의 경우에도 대부분 상수도 관로가 주거지 인근에 매립되어 있어 인입하는 데 크게 불편함은 없을 것으로 사료된다. 상수도를 인입할 때에는 해당 지자체에 급수공사 신청을 하면 인입공사를 하는 데 어느 정도의 비용이 들어가는지를 알 수 있다. 급수공사에 소요되는 비용은 원칙적으로 원인자부담이며, 지자체에 따라 미리 어느 정도의 비용이 들어가는지를 공개해 놓은 곳도 있다.[105]

인근의 수도관과 내가 건축할 집의 거리에 따라 급수공사 비용이 달라 여기서 일괄적으로 어느 정도의 비용이 들어간다고 얘기할 수는 없다. 적

---

103) 하수도법 시행규칙 제30조 및 동조 관련 별지 제16호 서식 참조
104) 하수도법 시행규칙 제33조 참조
105) 인천광역시 상수도사업본부 홈페이지의 상수도소식을 보면 급수공사 신청 시 주택의 종류 및 수도관의 구경에 따른 개인의 부담금을 상세히 공개해 놓고 있다.

게는 200만 원에서 많게는 몇 천만 원이 들어갈 수 있으므로 정식 급수공사를 신청하기 전 즉, 건축허가나 건축신고를 완료하기 전에 토목설계사무소를 통해 개략적으로나마 소요비용을 알아보아야 건축 예산을 수립하는 데 도움이 될 것이다. 만약 지자체가 알려준 상수도 급수공사 비용이 천만원대를 넘어갈 경우엔 관정을 개발하여 식용수로 쓰는 것도 고려해 볼 만한 하다.

상수도 인입과 관련하여 한 가지 주의할 점은 가까이에 수도관이 매립되어 있음에도 불구하고 인입이 불가할 경우도 있다는 점이다. 수도법 시행규칙 별표3 수도시설의 세부 시설기준에 따르면 배수관에서 급수관으로 분기되는 지점에서 배수관의 최소동수압이 1.53kgf/㎠ 이상이어야 하나[106] 그 이하일 경우에는 급수공사를 시행하는 업체에서 공사 자체를 거부할 수 있으며, 이럴 경우에는 수돗물을 먹을 수 없고 어쩔 수 없이 우물을 별도로 팔 수밖에 없다. 이와 관련하여 지방법원 판례 보도내용을 하나 보고 넘어가자.

> "상수도 수압이 낮다고 판단돼 건축심의 신청을 반려한 제주도의 처분은 정당하다고 법원이 판단했다. 제주지방법원 제1행정부는 A씨가 제주도를 상대로 제기한 건축심의반려처분 취소소송에서 원고의 청구를 기각했다고 15일 밝혔다. A씨는 2017년 1월 서귀포시 과수원 2,324㎡ 토지에 지상 3층 18세대 규모의 공동주택 3동을 짓기 위해 제주도에 심의를 신청했다. 제주도는 건축위원회를 열어 토지가 배수지보다 고지대에 있어 상하수도본부의 협의 검토 회신 결과에 따라 '상수도 공

---

106) kgf란 단위가 좀 생소하다. kg이라는 단위는 질량을 측정하는 단위이고, kgf는 압력을 측정하는 단위인데 읽는 방법은 키로그램포스이다.

급 불가' 결론을 내렸고 도는 A씨의 신청을 반려했다. 하지만 A씨는 토지가 배수지보다 아래에 위치하고 있고 인근에 지상 3층, 18세대 규모로 들어선 공동주택은 건축허가를 받아 사용 승인까지 받았다며 소송을 제기했다. 재판부는 수도법 시행규칙에 따라 해당 토지의 상수도 수압은 최소기준치인 1.53kgf/㎠에 미치지 못하는 0.4kgf/㎠라고 판단했다."[107]

세상엔 참 알아야 할 것도 많다. 위 소송의 원고인 토지주가 토지를 매입할 때 어떻게 그런 사항까지 감안하여 토지를 매입할 수 있단 말인가. 상수도의 수압 때문에 건축심의를 통과할 수 없다니 갑자기 위 토지주의 그 후 상황이 궁금해진다.

관정의 개발에 대해

관정이란 사전적 의미로 둥글게 판 우물을 말한다. 대롱 관에 우물 정자를 쓴다. 다시 말하면 대롱처럼 생긴 우물이다. 관정을 이렇게 한자로 표현한 것이 다분히 일본풍의 명명인 것 같아 씁쓸하다. 각설하고 상수도와 관련된 내용은 상수도법의 적용을 받지만 관정은 지하수법의 적용을 받는다. 과거에는 허가나 신고 없이도 마음대로 관정을 개발하여 주로 농업용 용수공급을 위해 사용되었으나 이로 인해 지하수가 오염되거나 주변의 수자원에 영향을 미치는 등의 부작용으로 인해 1997년 이후 규제가 점차 강화되어 오늘에 이르고 있다.

자연히 흘러나오는 지하수 또는 다른 법률에 따른 허가 · 인가 등을 받

---

107) 뉴스1, 2018.6.15.자 신문 내용 참조

거나 신고를 하고 시행하는 사업 등으로 인하여 부수적으로 발생하는 지하수를 이용하는 경우와 동력장치를 사용하지 아니하고 가정용 우물 또는 공동우물을 개발·이용하는 경우를 제외하고 지하수를 개발·이용하려는 자는 시장·군수·구청장의 허가를 받아야 한다.[108] 하지만 허가를 받지 않고 시장·군수·구청장에게 미리 신고 후 지하수를 개발·이용할 수 있는 경우도 있다. 그 조건은 다음과 같다.

농업을 목적으로 지하수를 개발·이용하는 경우엔 1일 양수능력이 150톤 이하이어야 하고 물을 끌어올리는 관인 토취관의 안쪽 지름이 50밀리미터 이하이어야 하며, 농업용이 아닐 경우에는 1일 양수능력이 100톤 이하이어야 하고 토취관의 안쪽 지름이 40밀리미터 이하이어야 한다는 조건이다.[109]

관정은 토취관의 지름에 따라 소공, 중공, 대공으로 나뉘는데, 소공의 경우 50밀리미터, 중공의 경우 100~150밀리미터, 대공은 200~300밀리미터의 관을 사용한다. 물을 끌어올리기 위한 모터와 모터보관함까지 포함된 공사비를 보면, 소공의 경우 약 250만원~300만원, 중공의 경우 800만원 내외, 대공의 경우 최소 1,000만 원 이상 정도로 보면 된다.

농촌에서 대단위로 물을 필요로 하는 사업을 영위하지 않는 한 대공은 필요치 않을 것 같고, 보통 소공이나 중공 정도의 관정을 개발하여 사용하면 될 것이다. 소공의 경우 굴착 깊이가 깊지 않아 가뭄이 들면 마르거나 오염의 가능성이 많아 먹는 물 용도보다는 농사용으로 사용하기에 적합할 것으로 보이며, 먹는 물을 사용하기 위해서는 비용이 좀 들더라도 굴착 깊이를 100미터 이상으로 하는 중공으로 관정을 개발하는 것이 합리적이라

---

108) 지하수법 제7조
109) 지하수법 시행령 제13조 참조

생각한다. 그런데 비용이 생각보다 많이 들어간다.

소공으로 굴착하여 수질검사를 해보니 먹는 물로 이상이 없다면 비용도 절감하고 좋겠지만 만의 하나 수질검사를 통과하지 못한다면 재작업을 해야 하니 어느 것이 옳다고 단언할 수는 없다. 독자들의 판단에 따라 선택해야 할 일이다.

우리 가정에서는 수돗물을 하루에 얼마나 사용할까? 이게 왜 궁금하냐 하면 사용량에 따라 소공이냐 중공이냐를 결정해야 할 경우도 있기 때문이다. 2021년 서울시의 1인당 하루 평균 물 사용량을 보면, 1인 가구의 경우 276리터, 2인 가구는 210리터, 3인 가구는 174리터, 4인 가구는 152리터 정도를 사용하는 것으로 나타났다. 인당 200리터 정도를 평균으로 보면 4인 가구의 경우 하루 800리터를 사용한다고 볼 수 있다. 이걸 톤으로 환산하면 1리터가 0.001톤이므로 0.8톤 정도를 사용한 셈이 되며, 사용량으로 보면 소공만으로도 충분하다고 보면 될 것이다.

관정의 개발과 관련하여 주의할 점이 있다. 땅을 깊게 판다고 무조건 아무데서나 지하수가 나오는 것은 아니다. 지형이나 수맥에 따라 아무리 깊게 굴착을 해도 지하수가 나오지 않을 수도 있다. 멋모르고 관정을 개발해서는 돈과 시간 낭비일 수 있다는 얘기다. 관정이 꼭 필요하다면 땅을 사기 전이나 관정을 개발하기 전에 관정을 개발하는 전문 업체를 통해 관정의 개발 가능성과 예상 수량 등을 문의해 보고 공사를 시작하는 것이 실패를 줄일 수 있는 길이다.

관정의 개발이 완료되었다면 이제 수질검사를 받고 준공신고를 하여야 한다. 준공신고를 하지 아니할 경우 등 아래와 같은 사유가 있을 경우엔 그 허가나 신고의 효력이 상실될 수 있기 때문이다.[110]

---

110) 지하수법 제8조의2, 제9조, 제10조 참조

① 부정한 방법으로 지하수개발·이용의 허가를 받은 경우
② 준공신고를 하지 아니하거나 거짓으로 신고한 경우
③ 허가를 받은 날부터 3개월 이내에 정당한 사유 없이 공사를 시작하지 아니하거나 공사 시작 후 계속하여 3개월 이상 공사를 중지한 경우
④ 수질불량으로 지하수를 개발·이용할 수 없는 경우

지하수의 개발·이용허가의 유효기간은 5년이며, 유효기간의 연장허가를 받으려는 자는 유효기간 만료일 30일 전까지 연장허가신청서에 최근 6개월 이내에 조사·작성된 지하수영향조사서를 첨부하여 시장·군수·구청장에게 제출하도록 되어 있으므로 허가를 받고 지하수를 개발할 경우에는 주의해야 한다.[111]

또 지하수를 개발하여 물을 사용하는 경우 정기적으로 수질검사 전문기관에 의뢰하여 수질검사를 받아야 한다. 이 수질검사를 통과하지 못하면 지하수를 이용할 수 없다. 수질검사를 받아야 하는 주기는 준공확인증을 발급받은 날을 기준으로 하여 먹는 물의 경우 2년(단, 1일 양수능력이 30톤 이하인 경우에는 3년), 생활용수, 공업용수 및 농·어업용수의 경우에는 3년이다.[112]

경계복원측량에 대해

땅을 사긴 했는데 내 땅이 어디까지일까? 측량을 해보기 전에는 알 수가 없다. 그래서 집을 짓기 전에 반드시 경계측량을 선행하여 내 땅이 어

---
111) 지하수법 시행령 12조의3 참조
112) 지하수법 시행규칙 제38조 참조

디서 어디까지인지를 확인해 두어야 한다. 그렇지 않을 경우 나중에 이웃과의 분쟁의 씨앗이 될 수 있다.

토목설계사무소에서 실시하는 현황측량과는 별개로 내가 산 땅의 경계는 물론 대지로 전환할 땅의 경계를 미리 측량하고 그 결과물을 받아두어야 한다. 이 결과물을 기초로 토목측량이 이루어지기 때문이다.

측량이란 지적측량을 말한다. 지적이란 국가기관이 국토의 전체를 필지 단위로 구획하여 토지에 대한 물리적 현황과 법적 권리관계 등을 등록·공시하고, 변동 사항을 지속적으로 등록·관리하는 국가의 제도이며, 지적은 국토의 고유정보를 기록해놓은 '땅의 주민등록'이라고 할 수 있다.

지적측량이란 토지를 지적공부에 등록하거나 지적공부에 등록된 경계를 복원할 목적으로 소관청이 직권 또는 이해관계인의 신청에 의해서 각 필지의 경계 또는 좌표와 면적을 정하는 측량을 말하며, 지적세부측량에는 토지의 이동이 발생하지 않는 경계복원측량, 지적현황측량, 도시계획선 명시측량과 토지의 이동이 발생하는 분할측량, 등록전환측량, 신규등록측량 등이 있으나 여기서는 우리가 땅을 사서 집을 짓는데 필요한 측량인 분할측량, 경계복원측량 및 지적현황측량만을 간단히 살펴보기로 한다.

분할측량은 지적공부에 등록된 1필지의 토지를 2필지 이상으로 나누어 등록하기 위한 측량이며, 다음과 같은 경우 실시하게 된다.

① 건축물 인허가에 따른 분할, 도로확보 및 도시계획선 분할
② 농지전용, 산지전용, 개발행위허가에 따른 분할
③ 토지 일부의 매매 및 소유권이전으로 인한 분할
④ 법원 확정판결에 의한 분할, 공유토지 분할(공유 지분 분할)
⑤ 국유재산 일부 매입에 따른 분할

경계복원측량은 지적공부에 등록된 토지의 경계점을 지상에 복원하기 위한 측량이며, 다음과 같은 경우 실시하게 된다.

① 건축물 건축(신축, 증축, 개축)을 위한 경계확인
② 담장, 옹벽, 울타리 등의 구조물 설치를 위한 경계확인
③ 인접토지와의 경계확인
④ 토지매매 시 경계확인

지적현황측량은 토지, 지상구조물 또는 지형지물 등이 점유하는 위치현황(점, 선, 구획)이나 면적을 지적도 및 임야도에 등록된 경계와 대비하여 도면상에 표시하기 위한 측량이며, 다음과 같은 경우 실시하게 된다.

① 건축물 위치현황(준공검사, 건축물대장 등재 등)
② 담장, 옹벽, 전신주, 묘지 등 구조물의 위치 및 점유면적 확인
③ 인접토지에서의 침범면적 확인
④ 도로, 구거 등의 위치 및 점유면적 확인
⑤ 국공유지 점유면적 확인(대부, 불하, 점용, 사용료 등)

지적측량을 의뢰하는 방법이나 절차에 대해서는 지적측량바로처리센터에 자세히 설명되어 있으므로 참조하면 될 것이다. 지적측량 수수료에 대해서는 측량 의뢰를 하면 자세히 알려주겠지만 매년 국토교통부에서 고시하고 있으므로 이를 참조하여 비교해 보는 것도 유용하리라 생각한다.[113]

---

113) 국토교통부 고시 제2022-826호(2023 지적측량수수료 고시) 참조, 지적측량수수료 산정 기준 등에 관한 규정(국토교통부 예규 제339호) 참조

간단히 절차만 살펴보면 다음과 같다.[114]

① 인터넷으로 의뢰하거나 인허가청을 방문하여 측량 의뢰하면 접수 시 담당자가 수수료 금액과 납부방법을 안내함
② 한국국토정보공사가 상담 및 접수를 하여서 측량일자 협의와 입금표 교부를 진행하며, 측량날짜는 측량 상담 시 안내하고 측량시간은 측량 2일 전에 문자로 안내함.
③ 한국국토정보공사에서 측량준비가 완료 된 후 측량시간을 통지한 후 의뢰인이 측량입회. 의뢰인만 입회하여도 측량을 실시하나 분쟁 예방을 위해서는 인접 토지 소유자 및 이해관계인에게 사전에 연락하여 같이 입회하는 것이 바람직함. 현지측량에서 경계점표지 설치와 관리 행위는 재산권 행사로써 의뢰인이 직접 하여야 하며, 현지측량 시 소요되는 경계점표지는 공사에서 제공
④ 측량결과도 작성 및 측량 결과부 교부

이런 절차를 거쳐 성과도를 받으면 경계측량은 완료된다. 경계복원측량을 경계측량이라고 한다거나 측량 결과부를 측량성과도라고 하는 등 공식용어와 일반인이 사용하는 용어에 서로 차이가 있으나 말이란 항상 변하는 것이니 크게 신경 쓰지 말자. 토목설계나 건축설계와는 크게 연관이 없고 시간적으로 내선공사가 완료되어야 신청할 수 있는 것이긴 하지만 살펴본 김에 전기 공급 신청에 대해서도 살펴보자.

전기 공급 신청

한국전력공사 홈페이지〉사이버지점〉신청·접수 란을 찾아 들어가면 전기사용신청(신규) 양식이 있으며, 전기 신설에 따른 사용신청은 먼저 전기공사 면허업체를 선정하여 내선공사를 하고 전기사용신청서 등 구비서류를 준비하여 관할 한전에 신청하면 된다.

---

114) 지적업무처리규정(국토교통부 훈령 제1538호) 제16조 이하에 자세히 규정되어 있으니 참조할 것

신청 방법은 직접방문하거나 우편 또는 FAX를 이용할 수 있고 해당 전기공사업자가 대행할 수도 있다. 구비서류는 한국전력 양식인 전기사용신청서만 있으면 된다.

단, 사실관계 확인을 위해 건축물관리대장 또는 신분증사본 등이 필요하다고 할 수도 있다. 주인이 아닌 임차인 등 실제 사용자 명의로도 전기사용신청이 가능하며 이때에는 전기사용신청서의 전기사용자란 밑에 소유자의 날인 및 임대차계약서 사본을 제출하여야 한다.

전기를 공급 받는 데 어느 정도의 비용이 들어갈까? 이에 대해서는 한전의 기본공급약관과 공급약관세칙에 자세히 규정하고 있다. 한국전력 홈페이지>사이버지점>제도·약관>전력거래약관으로 찾아 들어가면 전기공급약관이 있고 다시 이를 세분하여 기본공급약관과 공급약관세칙 및 별표로 구분해 놓고 있는데 이 책의 집필 목적상 필요한 부분만을 간추려 요약하면 다음과 같다.

기본공급약관 제93조(표준시설 부담금의 산정)
① 저압, 고압 또는 22,900V 이하의 특별고압으로 전기를 공급받는 고객의 표준시설 부담금은 계약전력 및 공사거리에 따라 별표4 표준시설 부담금 단가표의 단가를 적용하여 산정한 기본시설부담금과 거리시설부담금의 합계액으로 한다.

② 기본시설부담금은 배전선로 공사 발생 유무 및 공사내역에 관계없이 신설 또는 증설분 계약전력 별표4 표준시설 부담금 단가표의 기본시설부담금 단가를 곱한 금액으로 한다.

③ 거리시설부담금은 기본공급약관 제94조(표준시설 부담금 산정거리의 측정)에 따라 산정한 거리가 공중 배전선로는 200m, 지중 배전선로는

50m(기본거리)를 초과하는 경우에 적용하며, 신설거리시설부담금과 첨가거리시설부담금을 합한 금액으로 한다. 다만, 신설거리와 첨가거리가 혼재하는 경우 및 공중 배전선로와 지중 배전선로가 혼재하는 경우의 거리시설부담금은 세칙에서 정하는 바에 따른다.

④ 신설거리시설부담금은 기본공급약관 제94조에 따라 산정한 신설거리에서 기본거리를 공제한 후의 거리에 별표4의 신설거리시설부담금 단가를 곱한 금액으로 하고, 첨가거리시설부담금은 기본공급약관 제94조에 따라 산정한 첨가거리에서 기본거리를 공제한 후의 거리에 별표4의 첨가거리시설부담금 단가를 곱한 금액으로 한다.

기본공급약관 별표4 표준시설 부담금 단가표는 기본시설부담금과 거리시설부담금으로 나뉘어져 있다. 각 부담금은 아래의 표와 같으며 2022년 12월 1일 이후 신청분부터 적용된다.

기본시설부담금(부가세 제외)

구 분		금 액	
		공중공급	지중공급
저압	매 1계약에 대하여 계약전력 5Kw까지	277,000원	531,000원
	계약전력 5Kw 초과분의 매 1Kw에 대하여	110,000원	128,000원
고압 또는 특별고압	신증설 계약전력 매 1Kw에 대하여	22,000원	46,000원

거리시설부담금(부가세 제외)

구 분			금 액		
			공중공급		지중공급
			단상	삼상	
신설거리시설 부담금	기본거리를 초과하는 신설거리 매 1m에 대하여	저압	44,000원	48,000원	68,000원
		고압 또는 특별고압	48,000원		124,000원
첨가거리시설 부담금	기본거리를 초과하는 첨가거리 매 1m에 대하여	저압	6,000원		-
		고압 또는 특별고압	11,000원		-

기본공급약관 제94조(표준시설 부담금 산정거리의 측정)

① 제93조(표준시설 부담금의 산정)에 따라 거리시설부담금을 산정할 때의 기준이 되는 거리(표준시설 부담금 산정거리)는 다음과 같이 적용한다.

   1) 신설거리는 수급지점으로부터 측정기점까지의 지표상의 직선거리로 합니다. 다만, 지중으로 전기를 공급받는 고객의 경우에는 수급지점으로부터 측정기점까지의 배전선로 실거리로 한다.

   2) 첨가거리는 삼상으로 전기를 공급하기 위하여 기존 단상 배전선로에 전선을 첨가하는 공사(첨가공사) 구간의 실거리로 한다. 단, 인입선에 전선을 첨가하는 경우에는 첨가거리로 보지 않는다.

② 상기 제1항의 측정기점은 수급지점에서 가장 가까운 위치의 전원이 있는 다음의 배전선로를 기준으로 결정한다. 여기서는 공중배전선로로 전기를 공급받는 경우에 한하여 적용한다.

   1) 저압고객 : 22,900V 이하의 전원이 있는 전주 등의 지지물

   2) 22,900V 특별고압고객 : 6,600V 이상 22,900V 이하의 전원이 있는 전주 등의 지지물

   3) 위 1)과 2)의 적용 시 첨가공사를 하는 경우에는 첨가공사가 끝나는 전주를 측정기점으로 하며, 첨가공사 구간에 대하여는 첨가거리를 적용한다.

이 정도면 건축허가를 신청하기 전 단계에서 검토해야 될 사항은 어느 정도 검토가 된 듯하다. 이제 건축허가를 신청해 보자.

건축 인허가 및 도급계약

건축허가 또는 건축신고

이 책의 내용은 주로 귀촌을 하여 전원생활을 하려는 사람들을 위해 집필하는 것이므로 건축허가를 받을 일은 없을 듯하여 여기서는 건축신고만으로 건축이 가능한 것들은 어떤 것들이 있는지와 그 절차 및 필요서류 등에 대해 필요한 부분만을 간추려 살펴보기로 한다. 우선 건축법을 살펴보면, 다음과 같은 건축물은 시장·군수·구청장에게 신고를 하면 건축허가를 받은 것으로 본다.[115]

① 바닥면적의 합계가 85제곱미터 이내의 증축·개축 또는 재축. 다만, 3층 이상 건축물인 경우에는 증축·개축 또는 재축하려는 부분의 바닥면적의 합계가 건축물 연면적의 10분의 1 이내인 경우로 한정한다.
② 관리지역, 농림지역 또는 자연환경보전지역에서 연면적이 200제곱미터 미만이고 3층 미만인 건축물의 건축
③ 연면적이 200제곱미터 미만이고 3층 미만인 건축물의 대수선

---
115) 건축법 제14조 참조

④ 그 밖에 소규모 건축물로서 대통령령으로 정하는 건축물의 건축

소규모 건축물로서 대통령령으로 정하는 건축물이란 다음과 같다.[116]
① 연면적의 합계가 100제곱미터 이하인 건축물
② 건축물의 높이를 3미터 이하의 범위에서 증축하는 건축물
③ 농업이나 수산업을 경영하기 위하여 읍·면지역에서 건축하는 연면적 200제곱미터 이하의 창고 및 연면적 400제곱미터 이하의 축사, 작물 재배사, 종묘배양시설, 화초 및 분재 등의 온실

이상의 내용을 살펴보면 건축신고만으로 농림지역 등에서 전용면적 약 60평 정도의 2층 집을 지을 수 있고, 약 60평 정도의 창고도 짓고, 약 120평 정도의 온실을 만들 수 있으니 이 정도면 전원생활을 즐기기에 충분하지 않을까 생각한다. 게다가 300~400평 정도의 텃밭을 가지고 있다면 앞서 살펴본 여러 가지 농업인에게 주어지는 혜택을 받으면서 생활할 수 있으니 금상첨화일 것이다.

건축신고를 완료하면 앞서 토목설계에서 살펴보았던 다음과 같은 제반 사항들에 대한 허가를 득하거나 신고를 완료한 것으로 본다.[117]

> ① 개발행위허가   ② 산지전용허가와 산지전용신고
> ③ 농지전용허가·신고 및 협의   ④ 사도개설허가 및 도로의 점용 허가
> ⑤ 하천점용 등의 허가
> ⑥ 배수설비(配水設備)의 설치신고 및 개인하수처리시설의 설치신고
> ⑦ 지방자치단체가 정한 조례에 따른 상수도 공급신청

116) 건축법 시행령 제11조 참조
117) 건축법 제11조 제2항 참조

따라서 상기와 같은 사항들이 건축신고 전에 철저히 준비되지 않으면 건축신고 처리기간이 길어질 수밖에 없음은 당연하다.

건축신고를 하면 시장·군수·구청장은 신고를 받은 날부터 5일 이내에 신고수리 여부 또는 민원 처리 관련 법령에 따른 처리기간의 연장 여부를 신고인에게 통지하여야 하는데 건축법 또는 다른 법령에 따라 심의, 동의, 협의, 확인 등이 필요한 경우에는 20일 이내에 통지하도록 되어 있다. 또 건축신고를 한 자가 신고를 완료한 날부터 1년 이내에 공사에 착수하지 아니하면 그 신고의 효력은 없어지게 된다. 다만, 건축주의 요청에 따라 허가권자가 정당한 사유가 있다고 인정하면 1년의 범위에서 착수기한을 연장할 수 있도록 되어 있다.[118]

건축신고 시 첨부하는 서류에 관해서는 건축법 시행규칙 별지 제6호 서식에 자세히 명기되어 있으니 이를 참조하면 되고, 서식에 나와 있는 일괄처리사항의 해당 항목에 체크하는 것도 빠뜨리면 안 된다. 첨부하는 서류 중 가장 중요한 것은 설계도서가 될 것이며 이에 대해서는 건축법 시행규칙 별표2 건축허가신청에 필요한 설계도서에 따르면 될 것이다.

실제 건축신고 시 추가적으로 필요한 서류나 건축주가 사전에 준비해야 할 사항들에 대해서는 토목 및 건축 설계사무소와 충분한 협의를 거쳐 인허가가 지연되는 일이 없도록 해야 할 것이다. 이러한 제반절차를 거쳐 건축신고필증을 교부 받고나면 이제 공사도급계약을 체결할 차례이다. 계약 체결 전 건설업자를 만나 건축 관련 충분한 협의를 해야 함은 당연한 전제이다. 더러 계약 없이 공사를 진행하는 사람도 있으나 아무리 친한 사람에게 공사를 맡긴다고 해도 계약을 체결하여 후일 있을 수 있는 분쟁에 대비하는 것이 좋다.

---

118) 건축법 제14조 제3항 참조

공사도급계약

실제 집을 짓는 공사를 하다보면 제일 골머리 아프게 하는 사람이 건설업자이다. 그러기에 믿을만한 건설업자를 선정하는 일이 굉장히 중요한 일이다. 필자의 지인 중 한 분은 2층짜리 단독주택 한 채를 짓는데 꼬박 3년이 걸렸을 뿐만 아니라 건축비용도 곱절로 들어간 것을 가까이에서 지켜보며 여러 모로 도우려고 노력해 보았으나 허사였다. 이미 계약이 된 상태에서 공사를 진행하다가 중단된 상태에서 공사비는 공정 대비 한참 초과 지급되었으니 이러지도 저러지도 못할 상황이었다. 정말 악덕업자였다. 이런 사람 만나면 스트레스 때문에 집을 짓다가 죽을 수도 있다. 어떻게 하면 이런 사람을 피해 일 잘 하고 선량한 건축업자를 만날 수 있을까.

설계업체를 선정할 때도 그렇지만 공사업자를 선정할 때도 잘 아는 지인을 통하는 것이 제일 안전하다. 가끔은 직접 집을 짓는 사람도 있긴 하지만 취미삼아 재미로 짓는다면 모를까 그렇지 않다면 작업공간이 위험하기도 하거니와 시간과 노력의 낭비라는 생각이 든다. 즐기는 것도 지나치면 힘든 노동이 되기 마련이다. 독자들 주변에 성실하게 집을 잘 짓는 건축업자가 있다면 그런 사람에게 건축을 맡기는 것도 좋으리라 생각한다.

여기서 잠깐 건설업자에게 맡기지 않고 나 홀로 집을 짓는 사람들이 알아야 할 법조문 하나를 소개하고 넘어가자. 원칙적으로 모든 건축물의 건축은 건설사업자가 해야 한다.[119] 다만 다음과 같은 예외를 인정하여 이들 예외 건축물의 건설공사는 건축주가 직접 시공하거나 건설업자에게 도급하도록 하고 있다.[120]

---

119) 다른 곳에서는 편의상 건설업자라고 하였으나 법적으로는 건설사업자라고 해야 맞다.
120) 건설산업기본법 제41조 참조

여기서 건설사업자라 함은 건설산업기본법 또는 다른 법률에 따라 등록 등을 하고 건설업을 하는 자를 말하며, 건설공사란 토목공사, 건축공사, 산업설비공사, 조경공사, 환경시설공사, 그 밖에 명칭과 관계없이 시설물을 설치·유지·보수하는 공사(시설물을 설치하기 위한 부지조성공사를 포함) 및 기계설비나 그 밖의 구조물의 설치 및 해체공사 등을 말한다.[121]

① 연면적이 200제곱미터 이하인 건축물
② 농업·임업·축산업 또는 어업용으로 설치하는 창고·저장고·작업장·퇴비사·축사·양어장 기타 이와 유사한 용도의 건축물[122]

연면적이 200제곱미터 이하인 건축물이라 하더라도 공동주택이나 단독주택 중 다중주택, 다가구주택은 건축주가 직접 시공할 수 없다.

도급계약에서 가장 중요한 것이 시공단가이다. 일반인들은 시공원가를 정확히 알 수가 없기 때문에 건축업자가 달라는 대로 줄 수밖에 없는 실정이다. 게다가 최근 각종 물가의 상승으로 시공단가가 엄청나게 상승했다. 따라서 서로 신뢰할 수 있는 업체를 선정하여 비용을 최소화하되 살 만한 집이 될 수 있도록 각종 자재단가나 마감자재 등에 대해 건축설계 사무소와 순조롭게 협의해 공사 단가를 책정할 수 있도록 해야 할 것이다.

대략적인 공사단가는 평당 450만원~600만원정도이다. 이 범위 내에서 독자가 원하는 마감자재나 내부 인테리어 등을 결정하여 공사도급계약을 체결하면 될 것이다. 앞서 설명했지만 건축업자는 설계도서에 따라 시공하는 사람일뿐이므로 공사단가를 낮추려면 먼저 자재의 종류나 마감수

---

121) 건설산업기본법 제2조 제4호 및 제7호
122) 건설산업기본법 시행령 제37조 참조

준 등 그 내용을 설계도서에 반영하여야 한다.

계약서는 표준계약서를 사용하면 좋겠지만 업체들이 통상 사용하는 계약서가 있을 경우 절충하여 상호 불만이 없도록 작성하면 된다.

우리 법에서는 건축 관계자는 건축물이 설계도서에 따라 건축법과 건축법에 따른 명령이나 처분, 그밖의 관계 법령에 맞게 건축되도록 업무를 성실히 수행하여야 하며, 서로 위법하거나 부당한 일을 하도록 강요하거나 이와 관련하여 어떠한 불이익도 주어서는 아니 되며, 건축 관계자 간의 책임에 관한 내용과 그 범위는 건축법에서 규정한 것 외에는 건축주와 설계자, 건축주와 공사시공자 간의 계약으로 정한다고 규정하고 있다.[123]

법에 규정된 사항 이외에는 당사자들끼리 알아서 하라는 사적자치의 원칙에 충실한 규정이다.

---

123) 건축법 제15조 참조

착공 및 토목공사

착공신고

허가를 받거나 신고를 한 건축물의 공사를 착수하려는 건축주는 허가권자에게 공사계획을 신고하여야 한다.[124] 이를 착공신고라 한다. 건축공사의 착공신고를 하려는 자는 착공신고서에 건축 관계자 상호간의 계약서 사본, 설계도서(건축신고 시에 이미 제출한 경우에는 불필요하며 변경사항이 있는 경우에는 변경사항을 반영한 설계도서를 제출하여야 함) 등 필요서류를 첨부하여 허가권자에게 제출하여야 한다.[125]

착공신고서의 양식을 보면 신고서 제출 시 신고인, 설계자, 공사시공자, 공사감리자, 현장관리인 및 관계 전문기술자가 함께 서명 또는 날인을 하도록 되어 있다. 작은 집 한 채 짓는데 관계 기술전문가가 날인할 일은 없을듯하니 공사감리자와 현장관리인에 대해 잠깐 살펴보자. 먼저 공사감리자의 경우 건축신고 대상인 건축물에 대해서는 감리자 선정을 하지 않아도 되도록 되어 있으므로 감리자가 날인할 일은 없을 듯하다.[126]

다음은 현장관리인이다. 이미 살펴본 건축주가 직접 시공할 수 있는 소형 건축물의 경우만 해당되는 사항이다.[127]

---

124) 건축법 제21조
125) 건축법 시행규칙 제14조 참조
126) 건축법 시행령 제19조 참조
127) 건축법 제24조 제6항 참조

소형 건축물의 건축주는 공사 현장의 공정 및 안전을 관리하기 위하여 건설기술인 1명을 현장관리인으로 지정하여야 한다. 이 경우 현장관리인은 국토교통부령으로 정하는 바에 따라 공정 및 안전 관리 업무를 수행하여야 하며 건축주의 승낙을 받지 아니하고는 정당한 사유 없이 그 공사 현장을 이탈할 수 없다. 이 현장관리인은 해당 공사의 공종에 상응하는 건설기술인이어야 하며, 해당 건설공사의 착수와 동시에 배치하여야 한다.[128] 현장관리인이 수행해야 하는 업무는 다음과 같다.[129]

① 건축물 및 대지가 이 법 또는 관계 법령에 적합하도록 건축주를 지원하는 업무
② 건축물의 위치와 규격 등이 설계도서에 따라 적정하게 시공되는 지에 대한 확인·관리
③ 시공계획 및 설계 변경에 관한 사항 검토 등 공정관리에 관한 업무
④ 안전시설의 적정 설치 및 안전기준 준수 여부의 점검·관리
⑤ 그 밖에 건축주와 계약으로 정하는 업무

이처럼 현장관리인을 배치할 경우에는 당연히 급여를 지급하여야 할 것이며, 실제 현장에서는 대략 200만원 내외를 지급하고 있다. 이 비용도 적지 않으므로 독자들 스스로 건설기술인으로 인정되는 자격증을 미리 취득해 놓으면 현장관리인을 배치함으로써 들어가는 비용은 절감할 수 있을 것이다.

건설기술인의 인정범위를 보면 다음과 같다.[130]

---

128) 건설산업기본법 시행령 제35조
129) 건축법 시행규칙 제18조의2
130) 건설기술진흥법 시행령 제4조 관련 별표1

① 국가기술자격법, 건축사법 등에 따른 건설관련 국가자격을 취득한 사람으로서 국토교통부장관이 고시하는 사람[131]
② 다음의 어느 하나에 해당하는 학력 등을 갖춘 사람
　1) 초·중등교육법 또는 고등교육법에 따른 학과의 과정으로서 국토교통부장관이 고시하는 학과의 과정을 이수하고 졸업한 사람
　2) 그 밖의 관계법령에 따라 국내 또는 외국에서 1)과 같은 수준 이상의 학력이 있다고 인정되는 사람
　3) 국토교통부장관이 고시하는 교육기관에서 건설기술관련 교육과정을 6개월 이상 이수한 사람
③ 국·공립 시험기관 또는 품질검사를 대행하는 건설엔지니어링 사업자에 소속되어 품질시험 또는 검사업무를 수행한 사람

　현장관리인은 기능사 자격증을 가지고 있는 사람도 가능하나, 해당 공사의 공종에 상응하는 건설기술인이어야 하기 때문에 '건설기술인 등급 인정 및 교육·훈련 등에 관한 기준' 별표4 자격종목별 해당 전문분야에 나오는 직무분야를 참조하여 자격증을 취득하면 좋으리라 생각된다.
　필자의 지인은 제일 만만한 자격증이라고 하면서 방수기능사 자격을 취득하여 건축 공사를 할 때 본인이 직접 현장관리인이 됨으로써 비용을 절감한다고 한다. 방수기능사는 건축물의 지하층, 지붕, 바닥, 벽체에 모르타르, 아스팔트 등의 각종 방수재를 바르거나 도포하는 능력을 평가하며 약 2시간 30분 정도의 실기시험만 치루면 되고, 60점 이상만 득점하면 자격증을 취득할 수 있다.

---

131) 건설기술인 등급 인정 및 교육·훈련 등에 관한 기준 별표1(국토교통부 고시 제2023-133호) 참조

방수, 도배, 미장, 건축도장, 조적 등 간단히 실기시험만 치루는 시험들이 많이 있으므로 전원주택을 지을 계획이 있는 독자라면 도전해볼만 하다.

눈만 뜨면 느끼는 것이지만 세상엔 참 배울 게 너무 많다. 갑자기 더 포기할 것이 없어서 죽을 만큼 노력했던 것뿐이라는 전효진 변호사의 말이 귓가에 서성인다. 독자나 필자나 그 정도는 아니겠지만 그래도 무언가를 하나라도 배우고 싶은 욕망은 끝이 없다. 필자가 다양한 어학공부를 하거나 원서를 보고 있노라면 주변에서 무엇 하려고 그렇게 맨날 공부하느냐고 묻는 사람들이 있다. 그럴 때 필자는 난 공부가 취미라고 대답하곤 한다. 무엇이든 배우는 것은 참 즐겁고 행복한 일이다. 군말이 너무 많았다.

착공신고서를 제출하면 허가권자는 신고받은 날부터 3일 이내에 신고수리 여부 또는 민원 처리 관련 법령에 따른 처리기간의 연장 여부를 신고인에게 통지하여야 하며, 허가권자가 3일 이내에 신고수리 여부 또는 민원 처리 관련 법령에 따른 처리기간의 연장 여부를 신고인에게 통지하지 아니하면 그 기간이 끝난 날의 다음 날에 신고를 수리한 것으로 본다.[132]

착공신고서의 수리가 끝나면 공사에 착공할 수 있다. 공사의 착공은 건축신고일로부터 1년 이내에 하여야 하며, 1년 이내에 착공이 어렵다고 판단될 때에는 미리 착공연장신고를 하여 신고사항이 무효가 되지 않도록 해야 한다. 이제 본격적으로 공사를 시작해야 할 때이다. 토목공사부터 하나씩 진행해 보자. 구체적인 공사의 진행은 현장마다 차이가 클 것이므로 건축주 입장에서 최소한 이 정도는 알아야 한다는 전제하에 주택의 건축이 어떤 순서에 따라 이루어지는지에 대해 아주 일반적인 사항만을 설명하기로 한다.

---

132) 건축법 제21조

토목공사

건축부지의 토목공사는 경계복원측량이 완료되어 빨간 말뚝이 토지 경계마다 꽂혀있다는 것과 공사차량이 드나들 수 있는 진입도로의 공사가 되어 있다는 전제하에 시작된다. 또 작업자들이 사용할 수 있도록 이동식 화장실도 미리 설치해 두어야 한다.[133]

작업자들은 이 측량선을 기준으로 하여 굴삭기로 전체 부지 정리를 하고, 건물이 들어설 곳의 평탄작업을 하게 되며, 토지의 기울기가 심하여 절토를 해야 한다거나 토사의 유출이 우려되는 곳에는 옹벽을 쌓게 되고, 필요하다면 이웃과의 경계선에 담장을 쌓게 된다. 옹벽을 안전하게 쌓는 방법에 대해서는 나중에 살펴보기로 한다.

경계표나 담장 설치와 관련하여 우리 민법에서는 인접하여 토지를 소유한 자는 공동비용으로 통상의 경계표나 담을 설치할 수 있으며, 그 비용은 쌍방이 절반 부담한다. 그러나 측량비용은 토지 면적에 비례하여 부담한다. 그러나 다른 관습이 있으면 그 관습에 의한다고 규정하고 있다.[134] 인접 토지와 내 토지를 각각 절반씩 점유하여 담장을 설치하거나 경계표를 설치할 경우에는 이웃과 협의하여 후일 서로 불미스러운 일이 일어나지 않도록 해야 할 것이다. 또 토지소유자는 인접지의 지반이 붕괴할 정도로 자기의 토지를 심굴하지 못한다. 그러나 충분한 방어공사를 한 때에는 그러하지 아니하다고 규정하여 내가 공사를 함으로 인해 이웃의 토지가 불안정하게 될 경우에는 보강의 의무가 있음을 명시하고 있다.[135]

---

133) 이 이동식 정화조의 이용이 완료된 후에는 정화조 청소업체를 불러 철거하면 된다.
134) 민법 제237조
135) 민법 제241조

건축 시에도 유의할 점이 있다. 건물을 축조함에는 특별한 관습이 없으면 경계로부터 50센티미터 이상의 거리를 두어야 한다. 이를 위반할 경우 인접 토지 소유자는 건물의 변경이나 철거를 청구할 수 있다. 그러나 건축에 착수한 후 1년을 경과하거나 건물이 완성된 후에는 손해배상만을 청구할 수 있다고 규정하고 있다.[136]

아무리 경계측량을 하고 말뚝을 박아 놓았다 해도 어수선한 공사 현장에서 굴삭기 작업을 하다 보면 말뚝이 사라지거나 경계를 침범하는 일이 다반사다. 건축주가 이를 확인하지 않고 공사를 진행한 결과 인접 토지의 경계를 침범하여 건축을 하다가 인접 토지주의 이의제기 등으로 짓던 집을 다시 철거를 해야 한다면 그 피해는 이루 말로 할 수 없을 것이다. 무슨 그런 일이 있을까라고 반문할 독자도 있을 것이다. 하지만 드물지 않게 그런 일들이 발생하고 있다.

우리나라의 지적관리도 문제지만 지적측량의 경우도 얼마든지 오차가 발생할 수 있기 때문이다. 따라서 토지 평탄작업 후 건물이 들어설 기초부분은 이웃 토지 경계와 좀 여유를 두고 자리 잡는 것이 안전하다. 토목공사를 할 때 경계가 잘 못 설정되면 나중 건폐율과 용적률에도 영향을 미칠 수 있고 최악의 경우 사용승인을 득하지 못할 수도 있다. 우리 법에서는 이를 예상하여 허용오차의 한도를 설정하고 있는데 여기서 잠깐 관련 규정을 살펴보고 넘어가자.

건축법을 보면, 대지의 측량(지적측량은 제외)이나 건축물의 건축 과정에서 부득이하게 발생하는 오차는 이 법을 적용할 때 국토교통부령으로 정하는 범위에서 허용한다고 규정하고 있다.[137]

---

136) 민법 제242조
137) 건축법 제26조

또 국토교통부령을 보면, 대지관련 건축기준의 허용오차와 건축물관련 건축기준의 허용오차를 다음과 같이 규정하고 있다.[138]

■ 대지관련 건축기준의 허용오차

항목	허용되는 오차의 범위
건축선의 후퇴거리	3% 이내
인접대지 경계선과의 거리	3% 이내
인접건축물과의 거리	3% 이내
건폐율	0.5% 이내(건축면적 5m^2를 초과할 수 없다)
용적률	1% 이내(연면적 30m^2를 초과할 수 없다)

■ 건축물 관련 건축기준의 허용 오차

항목	허용되는 오차의 범위
건축물 높이	2% 이내(1미터를 초과할 수 없다)
평면길이	2% 이내(건축물 전체길이는 1미터를 초과할 수 없고, 벽으로 구획된 각 실의 경우에는 10cm를 초과할 수 없다)
출구너비	2% 이내
반자높이	2% 이내
벽체두께	3% 이내
바닥판두께	3% 이내

이 오차를 벗어나서 건축행위가 이루어질 경우에는 건축법을 적용할 때 허용하지 않겠다는 말이다. 다시 말하면 위 허용오차 범위 내에서 건축이 이루어져야 사용승인을 해주겠다는 선언이다. 이러한 제반 법의 규정들을 소홀히 생각하고 토목공사를 하는 일이 없도록 세심한 주의를 기울여야 한다.

토지의 평탄작업이 완료되면 기초가 들어설 자리의 라인을 따라 굴삭기 작업자가 잘 볼 수 있도록 빨간색 라커 등으로 진하게 표시를 해두는

---

138) 건축법 시행규칙 제20조 관련 별표5

게 편하다. 터파기를 어느 정도 깊이로 할 것인지는 지반의 상태나 현장 상황에 따라 많이 다를 수 있으므로 여기서 일반화할 수는 없다. 설계사무소와 협의를 거쳐 결정하면 될 것이다.

터파기는 깊이와 넓이에 따라 소요 콘크리트 양에 차이가 있을 것이므로 비용에 차이가 날 수밖에 없다. 튼튼하고 안정된 기초를 만드는 것도 중요하지만 필요 이상으로 과하게 터파기를 깊게 하여 비용을 낭비할 필요는 없다.

단독주택의 터파기는 통상 02굴삭기로 작업을 하는데 하루 임대료가 50만원 내외이므로 하루에 일할 물량을 미리 계획하여 한번 불러서 할 일을 준비부족으로 반복해서 부르지 않도록 해야 한다. 굴삭기가 터파기 공사를 하고 있을 때 미리 현장에 반입되어야 할 것들은 다음과 같다.

① 거푸집 설치를 위한 유로폼을 준비해 두어야 한다.[139] 통상 600×1200 규격을 사용한다.

② 수도 및 오수, 우수를 위한 각종 배관을 준비해 두어야 한다.

③ 버림 콘크리트 타설을 위한 레미콘 차량을 미리 예약하여 터파기가 완료되면 바로 콘크리트를 타설할 수 있도록 해야 한다.[140]

④ 기초 테두리에 들어갈 철근과 철근을 가공할 때 필요한 벤딩머신을 준비해 두어야 한다. 철근은 보통 13㎜ 이형철근을 사용한다.

---

139) 유로폼(Euroform)이란 유럽의 Euro와 거푸집을 뜻하는 Form의 합성어로 유럽에서 처음으로 거푸집을 만들 때 규격화된 폼을 이용하게 되었으며 우리나라에도 보급되어 사용하고 있다. 규격화된 유로폼을 사용하게 되면 거푸집을 만들기 위한 시공이 단순하지고 해체가 쉬워 공사기간을 단축할 수 있으며 공사비용을 크게 절감할 수 있는 장점이 있다. 유로폼은 철재 프로파일에 방수 합판인 태고 합판을 규격에 맞게 재단 후 조립한 제품으로 거친 건설공사 현장에서도 파손 없이 사용할 수 있을 정도의 내구성과 강성을 가지고 있다.

140) 버림 콘크리트란 영문표기인 leveling concrete에서 볼 수 있듯이 구조물의 밑바닥에 까는 저강도 콘크리트를 말하며, 본체 콘크리트의 품질을 확보하거나 밑면을 평탄하게 만들어 거푸집 설치작업이나 배근작업 시의 편리함을 위해 사용된다.

이런 것들은 준비하기 위해서 굴삭기가 필요할 수 있으며, 따로 부를 필요 없이 이미 현장에 와 있는 굴삭기를 이용하면 된다.

터파기가 완료되면 버림 콘크리트를 타설하게 된다. 가끔 버림 콘크리트를 타설하기 전에 잡석을 까는 경우도 있으나 작은 단독주택의 경우 그럴 필요까지는 없어 보인다. 건축할 부지 아래 지하수가 흐르거나 물 빠짐이 잘 되지 않아서 지반이 약할 경우엔 시간이 지남에 따라 건축물이 부동침하로 인해 불안정할 수 있기 때문에 지내력 보강을 위해 잡석 다짐작업과 버림 콘크리트를 타설하게 되는데, 사전에 지내력 테스트를 하기 때문에 크게 우려하지 않아도 될 것으로 보인다.[141]

버림 콘크리트는 하루 정도면 굳게 되고, 굳은 후에는 거푸집 설치를 위한 테두리 구조 배근작업을 하고 거푸집을 설치하게 된다. 통상 거푸집 설치를 위해 사용하는 유로폼의 규격이 600×1200이므로 버림 콘크리트 타설 면으로부터 높이가 60㎝ 이하로 올라올 예정이면 유로폼을 횡으로 설치하고 그보다 높을 경우에는 종으로 설치하면 된다. 유로폼을 횡으로 설치하면 종으로 설치하는 것의 반 정도의 물량으로도 거푸집 설치가 가능하기 때문에 그만큼 비용을 절감할 수 있다. 거푸집을 완성한 후에는 콘크리트 타설 시 뒤로 밀리지 않도록 바깥 면에 파이프 등을 덧대서 잘 보강해 주어야 거푸집 제거 후의 벽면이 볼록하지 않고 깔끔하게 나올 수 있다.[142]

거푸집이 완성되었으면 이제 집이 들어설 자리에 삽으로 땅을 파서 오수와 생활하수를 배출할 설비배관을 묻어준다. 이 때 물이 잘 흘러갈 수

---

141) 부동침하란 건축물의 기초가 장소에 따라 침하량이 다르게 나타나는 것을 의미하며, 부동침하가 발생하는 지상에 있는 건축물은 기울어지거나 벽에 균열이 발생하게 된다.
142) 거푸집은 콘크리트 구조물을 일정한 형태나 크기로 만들기 위하여 굳지 않은 콘크리트를 부어 넣어 원하는 강도에 도달할 때까지 양생 및 지지하는 가설 구조물이며, 형틀이라고도 한다.

있도록 기울기를 잡아주어야 하며, 설계도면을 보면서 계수대나 화장실 등 상부로 연결되는 배관의 위치를 정확히 잡아주어야 일이 순조롭다.

설비배관을 땅 속에 묻고 땅의 평탄작업을 한 후엔 0.1㎜ 정도의 비닐을 경계면 안쪽에 전체적으로 깔아 지면에서 올라오는 습기를 차단하게 된다. 비닐 설치가 끝나면 그 위에 방습 및 단열을 위해 145㎜ 스티로폼을 깐다. 기초 콘크리트 타설 전 까는 스티로폼에 대해서는 이견이 많아 보인다. 건물 전체의 하중을 받아야 하는 기초 부위에 스티로폼을 까는 것이 옳은가에 대한 이견과 여기에 설치하는 스티로폼의 단열효과가 얼마나 있을까에 대한 이견이 있는 것 같다. 이런 이견을 가진 사람들은 기초 콘크리트를 타설 하기 전에 단열을 하는 것보다는 바닥 난방배관을 설치하기 바로 전에 스티로폼 등으로 단열을 하는 것이 효과적이라는 의견으로 보인다. 하지만 통상 주택을 지을 때 대부분의 건설업자들이 전자의 방식으로 공사를 하고 있다.

어떤 경우엔 건축주의 요구에 따라 기초 부위에도 단열재를 깔고 난방배관을 설치하기 전에 또 단열재를 까는 경우도 있으니 반드시 어느 것이 옳다고 말하긴 어려워 보인다. 스티로폼을 다 깐 후 그 위에 철근 배근작업을 하게 된다. 배근은 상부배근과 하부배근으로 나뉘고 가로 세로 각 30㎝ 정도의 간격으로 배근을 한 후 철근들이 움직이지 않도록 결속작업을 하게 되며, 이후 전기관과 통신관을 배근된 철근 아래 공간에 설치해 준다. 하부배근은 벽돌 등을 이용하여 간격을 잡아주고 상부배근은 스페이서를 이용하여 간격을 잘 잡아주어야 통신관 등을 설치하기도 편하고 철근이 기초 내부에 고루 펴질 수 있도록 할 수 있다.

이제 콘크리트를 타설할 차례인데, 타설 전에 거푸집에 타설 높이를 표시해 놓고 그 위치에 이를 때까지 콘크리트를 부으면 된다. 화장실과 출입구, 다용도실 등 타설 높이를 낮게 해야 할 곳엔 미리 간단한 거푸집을 만들어 둘 필요가 있다. 콘크리트 타설 전 미리 펌프카와 레미콘을 예약하여 공사 진행에 차질이 없도록 해야 함은 이제 기본이다.

이렇게 콘크리트 타설이 끝나면 콘크리트가 기초의 구석구석 잘 채워질 수 있도록 진동기를 이용해 다짐작업을 적당히 해준다. 다짐작업이 지나치면 거푸집이 뒤로 밀려날 수 있기 때문이다. 다짐작업이 완료되면 타설 면이 고르게 펴질 수 있도록 마지막 마무리작업을 해준다. 이렇게 기초 콘크리트작업은 완료된다.

타설하고 하루 정도 지나면 거푸집을 철거할 수 있으며, 바깥 면이 얼마나 고르게 잘 나왔는지 확인할 수 있다. 콘크리트 양생은 1주일 정도면 충분하다. 양생하는 동안 굴삭기를 이용해 터파기를 하면서 어질러진 마당 정리를 하고, 우수 및 하수와 수도관 연결과 정화조 설치를 하면 된다. 펌프카 사용료가 비쌀 경우에는 굴삭기 버킷을 이용해 콘크리트를 타설해도 되며, 안쪽 작업을 할 때에는 평탄화 작업을 해놓은 곳을 밟지 않도록 굴삭기 버킷을 타고 들어가 정리하면 된다.

콘크리트 타설 후 잔여량이 있을 수 있으므로 필요한 곳이 있으면 미리 작업을 해두면 잔여량을 버리지 않고 사용할 수 있어 낭비를 줄일 수 있다.

수도관은 겨울철을 대비해 동결선 아래로 깊게 묻어주는 것이 좋으므로 제일 먼저 연결 작업을 하고,[143] 하는 김에 마당에서 쓸 부동관 설치까지 완료해 두면 편리하다.

우수배관은 지붕이나 마당에 떨어진 빗물이 자연배수가 잘 안되거나 마당에 고일 염려가 있을 때 설치하게 되며 기초 바로 옆으로 설치하여 맨홀로 빠져나가도록 연결하면 될 것이다.

---

143) 동결선이란 겨울철 흙이 어는 층과 얼지 않는 층의 경계를 말한다.

정화조는 5인용 단독 정화조를 설치하게 되는데 앞서 기초에 묻어둔 오수 파이프보다 낮은 곳에 설치하여야 하므로 설계도에 표기된 위치를 확인한 후 땅을 깊게 파서 바닥에 정화조가 수평으로 잘 정착할 수 있도록 콘크리트를 타설해주어야 한다. 정화조 설치 후 오수관을 연결하고 난 후 건물에서 나오는 또 하나의 관인 생활하수관 연결 작업을 하여 오수받이에서 두 관을 연결하고 배수로나 오수관로로 물이 배출되도록 하면 된다. 오수받이는 반드시 정화조로부터 들어올 수 있는 냄새의 역류를 방지할 수 있는 장치가 되어 있는 것이어야 함은 물론이다. 정화조 주변은 흙을 채우고 물다짐을 하는 것이 나중 침하를 방지하는 데 도움이 된다.

배관작업은 단순할수록 하자도 적고 배수도 잘 되기 때문에 가능하면 일직선으로 연결될 수 있도록 하는 것이 최선이다. 오수와 정화조 등 배관 연결공사가 완료되면 흙을 다시 메워 평탄작업을 해줌으로써 토목작업은 완료되고, 이제 콘크리트 양생이 완료되면 골조공사를 시작하면 된다.

생각난 김에 물끊기 작업과 주택의 향에 대해 잠깐 살펴보고 넘어가자. 기초매트 타설 시 바깥쪽에서 안쪽으로 물이 들어오지 못하도록 하기 위해 기초매트의 끝부분에 턱을 만드는 작업인 물끊기 작업을 하는 경우도 있으나, 판넬 작업 시 판넬 강판을 기초 아래로 내려오게 한다거나 의자베이스형 철물을 사용하여 물끊기를 할 수 있으며, 외벽과 기초가 같은 선상에 있다고 해도 외장재를 기초 하단에 덮어서 시공하면 이 또한 물끊기가 가능하기 때문에 골조가 목재구조나 벽돌구조가 아니라면 굳이 작업하기 불편한 기초매트의 물끊기 작업을 할 필요는 없으리라 생각한다.

주택의 향은 기초매트의 향과 직결된다. 땅을 매입하고 난 후 어느 쪽이 전망이 좋고 어느 쪽이 남향이며 나중에 집을 짓는다면 어느 쪽을 주향으로 해야겠다고 마음을 먹었다면 기초매트의 주향이 그쪽으로 향하도록 해야 한다. 도면에 따라 공사를 한다고 해도 방향이 정확하지 않을 수 있으므로 맨땅 위에 기초매트 칠 자리를 빨간색 라커로 칠해놓은 상태에서 기초매트의 주향이 내가 원하는 방향으로 잘 설정되었는지를 반드시 확인해 보아야 한다. 이 때 확인하지 않으면 이후 공정에서 주향을 바꿀 수 있는 방법이 없기 때문이다.

마지막으로 옹벽의 종류와 특징 및 가장 많이 사용되고 있는 옹벽이라 할 수 있는 보강토 옹벽을 안전하게 쌓는 방법을 잠깐 살펴보고 넘어가자. 옹벽은 사용승인에 지장이 없다면 집을 완성한 후에 해도 되겠지만 굴삭기를 이용해야 할 일이 있을 수 있기 때문에 가능하면 굴삭기를 이용할 수 있을 때 하는 것이 좋다.

먼저 옹벽의 종류와 각각의 특징을 살펴보자. 토목설계사가 알아서 다 할 텐데 왜 이런 것까지 알아야 하나 할 수도 있지만 그렇지 않다. 알아야 비용을 예상할 수 있고 설계사와 협의가 가능해진다. 건축주는 목적과 상황에 맞도록 최소한의 비용으로 최적의 시공이 될 수 있도록 만들어야 하는 사람이며, 설계단계에서 토목사무소와 협의할 수 있을 정도의 최소한의 옹벽에 관한 지식은 있어야 할 것이다. 농지나 임야 등의 원형지를 개발하는 경우 성토나 절토 후에 인접한 토지보다 높거나 낮아 단차가 있는 경우 대부분 옹벽 시공의 필요성이 있다. 안전을 위해서도 필요하지만 미관상 더욱 그 필요성이 절실하다. 옹벽은 인접 토지 경계의 비탈진 면의 침식과 토사유출을 방지하기 위한 목적으로 주로 시공을 하는데, 인접 토지와의 경계구분이나 차단효과가 주요 목적인 담장이나 가벽과는 구별된다.

옹벽의 종류는 재료나 용도에 따라 석축, 보강토, 콘크리트, 식생블록,

개비온 철망 등 여러 가지가 있는데, 이들 재료별로 가격이 다르기 때문에 적은 비용으로 전원주택을 짓거나 개발해서 매도할 사람이라면 최소한의 비용으로 공사할 수 있게 설계를 의뢰하는 것이 좋다. 비용과 아울러 옹벽 재료의 구조적 특성과 내구성, 시공 용이성, 경관미적 요소를 종합적으로 고려해야 한다.[144]

① 석축 옹벽 돌담, 돌쌓기, 자연석 쌓기

비탈면 보호, 흙막이, 토사붕괴 등 목적으로 높이가 낮고 기초지반이 좋은 지역에서 권장되는데. 시골에서 흔히 볼 수 있는 옹벽이다. 자연과 조화를 잘 이루기 때문에 경관과 미관이 중요시 되는 곳에서 효과가 좋다. 돌 사이의 토사유출방지와 미관을 극대화하고 잡초 예방을 위해 돌 틈 사이에 나무나 덩굴성 식물을 심기도 한다. 하지만, 석축은 약간의 경사가 필요해서 경계 구조물에 따라 높이가 높아질수록 면적의 손실이 다소 있을 수 있다. 그리고 돌을 하나하나 쌓아야함에 따른 인건비와, 돌의 종류에 따라 돌 자체의 원가도 높아서 다른 옹벽들에 비해 비용이 다소 부담된다.

② 개비온 철망

석축 옹벽의 한 종류로 6mm 아연 도금된 망태에 돌을 담아서 옹벽을 쌓는 방식이다. 1m² 등의 단위로 미리 만들어진 개비온을 구입해서 쌓기만 하면 되는 구조라 시공이 용이하며 시공기간을 단축할 수 있고, 석축의 단점인 잡초 예방에도 효과가 있다.

---

144) 옹벽의 종류와 특징에 대해서는 네이버 블로그 '땅 사주는 크리에이터'의 글을 많이 인용하였다.

③ 콘크리트 옹벽

거푸집을 만들어서 콘크리트 타설을 통해 일체형으로 만든 옹벽이며, 무엇보다도 수직으로 직벽을 만들 수 있어서 경계에 의한 토지면적의 침범을 최소화할 수 있는 것이 장점이고 충격에 강하고 내구성 또한 좋다. 하지만 시공이 어렵고 비용도 가장 비쌀 뿐만 아니라 미관도 그리 좋은 편이 아니다. 또한 시공기간도 길고, 시공 후 균열이라도 발생하는 경우 수리가 어려움에 따라 유지보수 측면에서도 좋지 않은 단점이 있다.

④ 보강토 옹벽

기성품인 시멘트 블록을 수직으로 시공하고 뒤쪽의 흙과 블록 사이에 보강재를 넣어서 안정시키는 방식이다. 직벽으로 시공이 가능해 토지 면적의 감소를 최소화할 수 있으며, 시공이 용이하고 시공기간을 단축할 수 있다. 하지만 중간에 부분적인 보수가 어렵고 비용이 높기 때문에 처음부터 시공을 잘 하여 하자가 발생하지 않도록 해야 한다.

⑤ 식생블록 옹벽

보강토 옹벽의 변형으로 시공 시 콘크리트 블록에 경사를 주어 돌출되는 부분에 나무나 꽃 등을 심어서 강도를 높임과 동시에 경관을 좋게 한다.

근래에는 건축주가 직접 시공이 가능한 보강토 블록이나 식생블록을 사용하여 옹벽을 쌓는 경우가 많아 보인다. 여기서는 보강토 블록을 안전하게 쌓으려면 어떻게 해야 하는지에 대해 살펴본다.

전문가와 상의 없이 개인적으로 작업을 하는 사람들 중에 블록만 줄맞

춰 예쁘게 쌓으면 되는 줄 알고 작업을 했다가 비 한번 오면 와르르 무너져 내리는 보강토 옹벽을 자주 볼 수 있다. 적지 않은 비용과 노력이 허사가 되는 것이다.

보강토 옹벽을 쌓을 때 가장 중요한 부분은 첫 번째 단을 쌓을 바닥 기초 작업이다. 첫 번째 단이 놓일 자리에 버림 콘크리트를 치는 사람도 있고, 잡석을 까는 사람도 있으며, 버림 콘크리트를 치고 그 위에 잡석을 까는 사람도 있고, 그냥 맨땅을 1톤 롤러로 다지는 사람도 있다. 옹벽이 높지 않을 경우 과용하지 말고 통상 롤러로 땅만 다져서 수평기를 이용해 수평을 맞추고 난 후 작업을 시작해도 크게 무리는 없을 것으로 보인다.

기초 작업이 완료되면 일직선으로 작업할 수 있도록 줄을 띄워놓고 수평기로 수평을 재가면서 하나씩 블록을 놓고 잘 맞지 않은 곳은 나무망치나 고무망치로 두드려 맞추어 나가면 된다.

1단을 제대로 쌓고 나면 그 다음부터는 작업이 수월하다. 한 단을 쌓을 때마다 흙이나 잡석으로 블록의 빈 공간을 채워주면서 작업을 해야 하며, 뒷면 역시 흙을 채워주면서 다짐작업을 병행해 나가야 한다. 보강토 옹벽은 옹벽 뒷면에 흙을 채우게 되는데 이 흙의 토압과 자연수나 빗물이 고일 경우의 수압으로 인해 밀리거나 무너지는 경우가 많기 때문에 2단 정도를 쌓고 폴리에스터 섬유재질의 그리드를 넓게 깔아주는 작업을 반드시 해주어야 한다. 보강토 블록이 무너지는 대부분의 이유는 이 그리드 까는 작업을 해주지 않았기 때문이다. 이런 이유로 단을 높게 쌓을 경우 매 2단 정도마다 이 그리드 까는 작업을 해주면 좋으리라 생각된다.

골조, 외장 미장공사

골조공사

최근 많이 이용되고 있는 경량철골구조에 한정하여 설명한다. 골조공사란 구조재인 경량철골을 이용해 건물의 외형과 내벽, 지붕, 계단 등의 전체적인 구조체를 만드는 작업을 말한다.

골조공사를 하기 위해서는 자재가 들어오기 전에 지게차나 크레인이 현장에 도착해 있어야 한다. 2톤 지게차의 경우 최대 5미터까지는 자재를 들어 올릴 수 있으므로 지게차로 작업이 가능하다면 굳이 비싼 크레인을 부르지 않아도 된다.

자재가 들어오면 크레인 등을 이용해 작업하기 편리한 곳에 자재를 하차하면 된다. 자재 운반차량은 차체의 길이가 길어 공사 현장까지의 길이 좁거나 커브가 심하면 차량이 진입할 수 없으므로 미리 도로 상태를 점검해 두어야 하며, 진입이 어려울 경우에는 지게차 등을 이용해 자재를 운반하면 될 것이다.

자재도 도착했고 이제 기둥을 세워보자. 기초 상판 위에 먹 메김을 하여 기둥과 벽체가 세워질 자리를 표시해 준다. 기둥은 각 모서리 및 내부 공간이 분리되는 곳에 설치하게 된다. 기둥 세울 자리에는 미리 기초매트 타설 시 L자 모양의 앙카를 묻어놓으면 좋으나 그렇지 못했다면 먹 메김을 해둔 위치에 해머드릴을 이용해 구멍을 뚫은 다음 에어건으로 먼지를 제거하고 쇠로 된 솔로 구멍 안쪽을 잘 문질러주고, 접착제를 도포한 후 볼트를 고정해 놓고 마르고 나면 베이스 판을 고정하면 된다.

　베이스 판을 고정하면서 수평을 맞추어야 함은 기본이다. 베이스 판 설치과정에서 기둥이 설 자리의 기초매트 레벨을 측정하게 되는데 오차가 생길 수밖에 없으므로 그에 따라 기둥을 잘라 높이를 맞추어주어야 한다. 기둥을 세울 때에는 먹 메김 선을 따라 정확히 직각이 되도록 설치해야 하고 수평기를 이용해 수직으로 잘 세워야 함은 물론이다.

　수직이 잘 맞았는지 검증하는 방법은 기둥을 다 세운 후 한쪽 끝에서 나란히 세워진 기둥을 바라볼 때 기둥이 하나로 보이면 수직으로 잘 세워졌다고 판단하면 된다.

　기둥을 세우고 나면 이제 보를 세워야 할 차례이다. 보를 세우기 전에 보를 이미 고정되어 있는 기둥에 대보면 길이와 연결해야 할 부위의 위치를 정확히 알 수 있으며, 위치 표시를 해놓고 올라가 보 연결 작업을 하면 수월하게 일을 할 수 있다.

　지붕의 경우 통상 트러스 구조로 시공을 하게 되며, 땅에서 제작을 한 다음 지붕을 올리는 방법으로 시공이 이루어진다. 트러스는 설계도면을 봐가면서 레이저 거리측정기를 이용해 정확하게 거리측정을 해 제작되어야 용이하게 작업할 수 있다.

　지붕을 올리기 위해서는 5~6개의 트러스를 제작해야 하기 때문에 자재를 수치에 맞게 한꺼번에 절단해 놓으면 편리하다. 트러스를 보 위에 올릴 때에는 길이나 무게가 있기 때문에 작업자의 안전을 위해서라도 크레인을 이용하는 것이 좋으리라 생각한다. 크레인 작업은 바람이 많이 부는 날 하면 위험할 수 있으므로 가능하면 바람이 없는 날 작업을 해야 하며, 트러스를 보 위의 자립 받침대 부위에 내린 다음 클램프로 단단히 조여 넘어지지 않도록 해야 하며, 가장 평활도가 좋은 트러스를 골라 양쪽 끝에 설치하는 것이 좋다.[145]

트러스 설치 작업이 완료되면 트러스와 지붕을 연결해주는 중도리를 설치하게 되는데 트러스 제작 시 미리 중도리를 설치할 자리에 중도리와 트러스를 연결할 수 있도록 파스너를 부착해 놓으면 공사를 더욱 용이하게 할 수 있다.

중도리는 지붕과 보를 연결하는 중요한 부분이므로 양쪽으로 파스너를 설치하고 고정한 후 다시 한 번 용접을 해주는 방식이 가장 안전해 보인다. 박공지붕의 경우 중도리가 지붕 끝부분에서 서로 만나게 되는데 혹시 모를 뒤틀림을 방지하기 위해 두 중도리 사이에 C형강이나 각관을 잘라 약 1.5미터 간격으로 용접을 해주는 것이 좋다. 이렇게 지붕 공사까지 완료되면 이제 벽체와 지붕 외장공사를 하게 된다.

외장공사

외장공사의 가장 큰 목적은 단열에 있다. 단열에는 외단열, 중단열, 내단열이 있으며, 외단열이란 단열재를 건물 구조체의 외부에 설치하여 단열재가 건물을 감싸도록 설치하는 방법을 의미하며, 다른 단열 방법에 비하여 단열 효과가 뛰어나고, 열교환 현상이 적다.

---

145) 통상 트러스를 올릴 때에는 용접을 하여 고정하는 방법을 사용하나, 어떤 분이 트러스를 바로 세울 수 있도록 트러스가 세워질 보 위치에 자립 받침대를 미리 만들어 놓고 손쉽게 공사를 하는 것을 보고 필자도 좋은 아이디어라는 생각이 들어 소개해 보았다. 건축주 혼자 건축을 하는 경우에 더욱 유용해 보인다. 물론 최종적으로는 용접을 하여 고정을 해야 한다.

중단열은 구조체 내부 중간에 단열재를 설치하는 방법이며 단열층 형성 확인이 어렵다는 단점이 있으며, 내단열은 구조체를 기준으로 단열재를 내측에 설치하는 방법으로 골조로 인해 단열의 불연속 부분이 발생하며, 시공이 용이하나 내부 결로의 위험이 크다. 구조체 내부에 단열재를 설치하므로 방을 쉽게 가열하고 냉방할 수 있다는 특징이 있어 간헐 난방을 필요로 하는 곳에 적용하면 유리하다.

경량철골구조의 주택 외장공사에서 가장 많이 사용되는 자재는 샌드위치 패널이라고 할 수 있다. 샌드위치 패널이란 얇은 철판 사이에 스티로폼 등의 단열재를 넣어 만든 특수합판을 말한다.

벽체의 경우 이 패널을 설치하고 그 위에 열반사단열재를 붙인 후 각종 사이딩패널이나 스타코플랙스 등의 마감재를 이용해 마감작업을 하는 게 가장 일반적인 시공방법이다. 지붕의 경우도 트러스 아래쪽에 이 패널을 설치하는 것이 보통이다. 건축주가 이처럼 다량으로 사용되는 샌드위치 패널에 대해 아무것도 모른다면 시공업체나 자재업체가 불량 자재를 사용한다고 해도 그냥 넘어가는 수밖에 없다.

주택은 짓는데 돈도 많이 들어가지만 우리 가족의 오붓한 생활공간이다. 당연히 쾌적하고 안전하고 행복한 공간이어야 한다. 그런 집을 대충 지을 수는 없는 일 아닌가. 따질 것은 따져보고 넘어가자.

최근 물류창고 등의 화재사고 발생 원인이 단열재나 샌드위치패널 등에 불이 붙은 것으로 밝혀지면서 이들 건축자재에 대한 규제가 강화되고 있으며, 2022년 2월 11일 발효된 국토교통부 고시 '건축자재 등 품질인정 및 관리기준' 이 만들어지는 계기가 되었다.

여기서 우리가 앞으로 많이 사용할 스티로폼과 샌드위치 패널에 대해 좀 알고 넘어가자. 스티로폼은 단독으로 단열재로 사용되거나 샌드위치패널 심재로 삽입되어 단열재 겸 외장재로 사용되는 것으로 우리말로는 비드법보온판이라고 하고 영문으로는 Expanded Polystyrene이라고 하며, 이를 약자로 EPS라고 부른다. 또 Extruded Polystyrene이라는 것이 있는데 압출법보온판이라고 하며 XP 또는 XPS라고 부르고 있다.

비드법보온판은 크게 1종과 2종으로 나뉘며 1종은 흰색을 띠고 2종은 진한 회색을 띠는데 2종은 흰색 비드에 흑연을 첨가하여 제조하며 1종보다 단열성이 높다. 호수가 올라갈수록 단단하며 단열성능도 우수하다. 비드법보온판의 장점으로는 매우 가볍기 때문에 가공이 쉽고 시공에 따라 단열재의 성능의 오차가 적다.

또한 시간의 경과에도 단열성능의 변화가 거의 없어 가장 널리 사용되는 단열재이다. 단점으로는 단열재가 물을 흡수하게 되면 성능이 감소되기도 하는데, 비드법보온판은 수분 흡수율이 다른 단열재들에 비해 상대적으로 높기 때문에 바닥과 같이 직접 물에 닿는 부위에는 시공하지 않고 주로 지상층의 외벽에 적용된다.

압출법보온판은 흔히 아이소핑크라고 부르기도 하며 EPS의 특징과 비슷하나 EPS보다 단열성능이 좋아 얇은 제품을 사용할 수 있고, 수분 흡수율이 거의 없기 때문에 직접 물에 닿는 부위에 적용하여도 단열성능을 보장 받을 수 있으므로 지하층 외벽에도 적용이 가능하다.[146]

각각의 열전도율을 보면 EPS는 0.036~0.038 정도이고, XPS는 0.027~0.031 정도이며 숫자가 낮을수록 열전도율이 낮아 단열재로서는 그만큼 성능이 좋은 것이라 할 수 있다.

---

146) 수분 흡수가 안 되는 것이 아니고 많이 되느냐 적게 되느냐의 차이이며, 물을 흡수하면 EPS보다 XPS의 단열성이 더 떨어진다는 견해도 있으니 참고만 하기 바란다. 다음 카페 나무집공작소 글 중 스티로폼 단열재와 관련된 글을 참조하였음

건축물의 에너지절약 설계기준을 보면 단열재의 등급 및 단열재의 두께에 관한 규정과 지역별 건축물 부위의 열관류율표에 관한 규정을 두고 있으며, 이 규정에 맞게 단열재를 사용하여야 한다. 단열재의 등급은 가~라 등급으로 나뉘고 등급이 라등급 쪽으로 갈수록 단열재로서의 성능이 떨어지는 것이다. 단열재의 열전도율이 0.034 W/mK(0.029 kcal/mh°C) 이하인 경우 가등급으로 분류되며, 압출법보온판 특호, 1호, 2호, 3호 및 비드법보온판 2종 1호, 2호, 3호, 4호가 이에 해당된다. 단열재의 두께에 관련해서는 단열재의 등급과 건축물의 부위 및 건축지역에 따라 허용두께를 달리 규정하고 있으며, 열관류율표에서는 건축지역과 건축물의 부위에 따라 허용수치를 달리 규정하고 있다.[147]

열관류율은 열전도율을 단열재의 두께로 나눈 값이다. 예를 들면 열전도율이 0.034이고 단열재의 두께가 135밀리미터라면 이 단열재의 열관류율은 0.034÷0.135=0.2518이 된다. 이 열관류율이 건축물의 부위 및 건축지역에 적합해야 하며, 이에 미달될 경우에는 단열재의 두께를 더 두껍게 써야 한다는 의미이다. 참고로 건축지역은 중부1지역, 중부2지역, 남부지역 및 제주도로 나누고 있다.

단열재이면서 외장재로 사용되는 샌드위치 패널에 대해서도 살펴보자. 우리 법에서는 샌드위치 패널을 복합자재라고 표기하고 있다.[148] 이 복합자재가 성능 면에서 정품에 미달하는 것이 많아 자주 문제가 되곤 한다. 우리 법에서는 어떻게 규정하고 있는지 한번 보자.

건축법에 따르면 복합자재를 포함한 마감재료 등 건축자재의 제조업자, 유통업자, 공사시공자는 품질인정서를 허가권자에게 제출하여야 한

---

147) 건축물의 에너지절약설계기준 별표1, 2, 3 각각 참조
148) 건축법 제54조의2 제1항 참조

다.[149] 즉, 건축자재의 제조업자는 품질인정서를 건축자재 유통업자에게 제출해야 하며, 건축자재 유통업자는 품질인정서와 건축자재의 일치 여부 등을 확인하여 품질인정서를 공사시공자에게 전달해야 한다.

품질인정서를 제출 받은 공사시공자는 품질인정서와 건축자재의 일치 여부를 확인한 후 해당 건축물에서 사용된 건축자재 품질관리서 전체를 건축주에게 제출해야 하며, 건축주는 건축물의 사용승인을 신청할 때에 이를 허가권자에게 제출해야 한다. 실무상 납품확인서와 시험성적서를 제출한다. 한편 품질인정은 한국건설기술연구원에서 하고 있다.

한국건설기술연구원은 건축자재 등의 품질인정을 받고자 하는 제조업체로부터 신청을 받아 관련 서류 및 시료에 대한 품질시험을 거쳐 인정 통보를 하게 되며, 품질인정을 받은 제조업자는 제품 표면 또는 포장에 품질인정의 표시를 하도록 하고 있다.

그동안 외장재로 사용되는 강판과 심재를 이용한 시험체를 만들어 난연 테스트를 진행해 왔으나 이제는 강판과 심재에 대해 각각 테스트를 진행해야 하며, 실물모형시험도 통과해야 한다. 강판, 심재 및 실물모형시험을 각각 살펴보면 다음과 같다.

강판은 다음 각 목의 구분에 따른 기준을 모두 충족해야 한다.[150]

① 두께(도금 이후 도장(塗裝) 전 두께를 말함): 0.5밀리미터 이상
② 앞면 도장 횟수: 2회 이상
③ 도금의 부착량: 도금의 종류에 따라 다음의 어느 하나에 해당할 것.

---

149) 건축법 제52조의4 제1항 참조, 여기서 말하는 복합자재란 불연재료인 양면 철판과 불연재료가 아닌 심재로 구성된 것을 말하고 샌드위치패널이 여기에 포함된다.
150) 건축물의 피난·방화구조 등의 기준에 관한 규칙 제24조 제11항

이 경우 도금의 종류는 한국산업표준에 따른다.
　　1) 용융 아연 도금 강판: 180g/㎡ 이상
　　2) 용융 아연 알루미늄 마그네슘 합금 도금 강판: 90g/㎡ 이상
　　3) 용융 55% 알루미늄 아연 마그네슘 합금 도금 강판: 90g/㎡ 이상
　　4) 용융 55% 알루미늄 아연 합금 도금 강판: 90g/㎡ 이상

　심재는 강판을 제거한 후의 심재가 다음 각 목의 어느 하나에 해당할 것

　① 한국산업표준에 따른 그라스울 보온판 또는 미네랄울 보온판으로서 국토교통부장관이 정하여 고시하는 기준에 적합한 것
　② 불연재료 또는 준불연재료인 것

　즉, 심재로 사용되는 스티로폼도 이제는 불연재료이거나 준불연재료인 것을 사용해야 한다는 말이다. 준불연재료의 성능기준에 대해서는 건축자재 등 품질인정 및 관리기준 제24조를 참조하기 바란다.
　복합자재의 실물모형시험의 경우, 건축용 샌드위치패널 구조에 대한 화재 연소 시험방법에 따른 실물모형시험 결과, 다음 각 호의 요건을 모두 만족하여야 한다.[151]

　① 시험체 개구부 외 결합부 등에서 외부로 불꽃이 발생하지 않을 것
　② 시험체 상부 천정의 평균 온도가 650℃를 초과하지 않을 것
　③ 시험체 바닥에 복사 열량계의 열량이 25kW/㎡를 초과하지 않을 것
　④ 시험체 바닥의 신문지 뭉치가 발화하지 않을 것
　⑤ 화재 성장 단계에서 개구부로 화염이 분출되지 않을 것

---
151) 건축자재 등 품질인정 및 관리기준 제26조

이렇게 관련 법규엔 단열재나 샌드위치 패널의 성능 테스트 및 그 유지에 관해 그럴듯하게 잘 규정되어 있다. 하지만 건축주가 그런 테스트를 거친 시험성적표의 제품과 실제 현장의 시공 제품이 같은 제품이라는 것을 확인할 수 있는 방법이 거의 없다.

샌드위치 패널을 만드는 제조업자들은 대부분 강판과 심재를 납품 받아 패널을 만드는 영세기업들이며 심재 제조업자가 제출한 시험성적표만 믿고 자체 검증절차 없이 패널을 제작할 가능성이 많다. 우선 단가가 싼 것만 찾지 정상적인 제품인지 여부는 그 다음 문제인 것이다. 건축업자나 판매업자도 단가를 최대한 낮추어 가능하면 많은 일감을 확보하고 많은 물량을 팔려고 할 것이다. 건축주도 마찬가지다.

최대한 저렴한 가격에 건축할 수 있으면 그것으로 족한 경우가 많다. 이 모든 고리들이 연결되어 정품이 아닌 불량 제품들이 아무런 문제없이 시장에서 거래되고, 혹여 불이라도 나면 그 모든 피해는 소비자의 몫이 되고 만다. 아주 전문적인 내용이나 용어는 모를지라도 적어도 위와 같은 법규 내용이 있다는 정도는 알고 자재가 현장에 반입되면 단열재의 표시라도 확인해 보길 바란다. 우리 법에서는 단열재 제조·유통업자는 단열재의 성능과 관련된 정보를 일반인이 쉽게 식별할 수 있도록 단열재 표면에 최소 포장 단위별로 1회 이상 2센티미터 이상의 글자크기로 표시하도록 되어 있다.[152] 여기에는 제조업자, 제품명이나 단열재의 종류, 밀도, 난연 성능 등이 표기된다.

외장공사도 들어가기 전에 글이 많이 길어졌다. 필자도 이렇게 장황하게 쓸 생각은 없었으나 youtube의 '열일하는 붕어반장 TV'에서 25탄 비

---

[152] 건축자재 등 품질인정 및 관리기준 제32조

드법단열재의 불편한 진실을 보고나서 운영자의 말에 공감하는 바 크고, 나도 단열재 관련 법규를 한번쯤 찾아보아야겠다는 생각을 하게 되어 이렇게 말이 길어졌음을 양해 바란다. 이제 스티로폼과 샌드위치패널에 대해 어느 정도 알아보았으니 외장공사를 시작해 보자.

  외장공사의 시작은 패널을 설치할 자리를 깨끗이 청소해 이물질이 없도록 하고, 추가로 에어건으로 먼지를 제거하는 것이다. 패널과 바닥 사이에 우레탄 폼을 시공할 때 접착력을 최대화하기 위해서이다. 패널은 단열등급, 난연등급, 심재의 재질 및 철판의 두께에 따라 가격이 다르므로 본인의 예산과 법령의 기준에 맞추어 결정하면 된다. 자재가 현장에 들어와 하차를 할 때에는 작업하기 편한 장소에 하차를 하도록 해야 두벌일을 줄일 수 있다.

  샌드위치패널은 종과 횡으로 스티로폼을 잘라 조립하여 만들기 때문에 긴 자재의 경우 운반과정에서 부러질 수 있으므로 주의를 요한다. 또 패널 안에 들어가는 스티로폼은 수증기로 발포한 제품이므로 생산 후 완전히 건조된 제품을 사용하지 않으면 건조과정에서 수축되어 벽체 및 자재 자체의 쭈그러짐 현상이 발생할 수 있으므로 주의해야 한다.

  패널은 어떤 종류의 것을 쓰느냐가 중요한 것이 아니라 작업자가 어떤 마인드를 가지고 얼마나 단단하고 세밀하게 공사를 하느냐가 단열의 정도를 좌우한다. 벽체와 지붕까지 패널의 연결 부위엔 공간이 생기기 마련이며 이 공간을 제대로 처리하지 않으면 단열재를 설치한 효과가 많이 떨어질 수밖에 없다.

  패널 설치는 기초 콘크리트와 맞닿는 첫 번째 장이 가장 중요하다. 기초와 패널이 만나는 곳은 쇠와 콘크리트가 만나는 곳이므로 공간이 없을 수가 없다. 이 작은 공간에 우레탄 폼을 시공해도 되긴 하겠지만 이 공간을 조금 키워서 우레탄 폼을 충분히 넣어준다면 단열에 더 효과적이리라 생각되어 한번 소개해 본다.

샌드위치패널을 보면 양쪽 끝부분에 스티로폼이 채워지지 않은 공간이 있다. 한쪽 철판을 2센티미터 정도 잘라내고, 이 자른 쪽이 바깥으로 향하도록 패널을 기둥에 고정한다. 그러면 자르지 않은 쪽의 철판은 콘크리트와 맞닿게 되고 자른 쪽은 2센티미터 정도 공간이 생기게 되는데 여기에 우레탄 폼을 충분히 시공해주면 된다. 이 첫 번째 패널을 설치할 때 의자 베이스나 U바를 사용하는 경우도 많으나 콘크리트와 쇠 자재가 만남으로 인해 생기는 틈으로 인해 단열이나 해충의 침입 등 불리한 면이 있다고 생각되어 위의 방법을 소개해 보았다.

시공방법은 시공하는 사람에 따라 다양할 수 있다. 어느 것이 옳고 어느 것이 그르다고 말하기 어려운 이유는 각각의 시공방법에는 그 나름의 장단점이 있기 마련이며, 시공자가 그렇게 시공한 목적이 있기 때문이다. 누구나 본인이 시공한 방법이 최선이라고 말하겠지만 다른 사람이 보기엔 그렇지 않을 수도 있으니 그걸 가지고 왈가왈부하지는 말았으면 좋겠다. 이 책에서 필자가 얘기하는 것들도 아주 일반적이지 않을 수도 있지만 필자의 입장에서 그렇게 하는 것이 좋다고 생각하여 쓴 것이니 이 책의 독자들은 그리 이해해주었으면 한다.

이제 샌드위치 패널을 기둥에 고정해 보자

먼저 샌드위치패널의 올바른 고정 방법이다. 패널을 기둥에 대고 고정할 위치를 잡은 다음 수평기를 이용해 수평을 잡아준다. 수평이 맞았으면 클램프를 이용해 양쪽 패널을 임시 고정하고 가운데 부분부터 기둥에 고정하는 작업을 한다. 패널을 기둥에 고정할 때는 통상 스크류볼트를 사용하는데 강하게 조이면 패널이 쭈그러드는 경우가 많으며 건축주에 따라 이렇게 작업하는 것을 반대하는 사람이 있다. 그러나 외장마감을 또 하기에 강하게 조여 기둥과 밀착되게 단단히 설치해 주는 것이 좋다.

볼트를 채울 때에는 볼트 끝에 쇠로 된 와셔를 끼워서 볼트가 패널을 뚫고 들어가지 않도록 해야 한다. 패널을 이렇게 강하게 결속하는 이유는 경량철골조에서는 패널이 기둥에 매달려 있는 형태이며 이 패널 위에 또 마감재를 붙이기 때문에 그 무게가 상당하며, 여기에 풍압까지 버텨야 하기 때문이다. 볼트는 패널의 두께보다 3밀리미터 정도 긴 것을 사용하여 기둥 당 최소 3개 이상을 박아 주어야 튼튼히 버틴다.

패널과 기초 콘크리트가 맞닿는 곳은 우레탄 폼을 채워 단열효과를 높이는 것이 보통이며, 이곳에 우레탄 폼을 채울 때에는 지붕공사까지 완료된 후 마지막으로 폼을 채워주는 것이 효과적이다. 미리 이 작업을 해 놓으면 공사 도중 비가 올 경우 우레탄 폼이 비를 흡수하여 품질의 저하를 가져올 수 있기 때문이다. 패널의 모든 연결부위는 공간이 있기 마련이므로 우레탄 폼을 꼼꼼히 채워주어야 한다.

샌드위치 패널의 경우 강판은 0.5밀리미터인 것을 사용하도록 하고 있으므로 불량자재를 사용하는 일이 없도록 주의해야 하며, 심재인 스티로폼도 준불연재여야 하므로 자재 납품 시 잘 살펴보아야한다 .

벽체의 구성은 안쪽부터 시공된 순서를 보면 벽지, 석고보드, 내단열재, 공기층, 외단열재, 열반사단열재, 외장마감 순으로 이루어지는 것이 통상적인 방법인 듯하다. 하지만 이것도 건축주마다, 시공하는 사람마다 다를 수 있음은 물론이다. 그저 보통 이런 순으로 벽체가 구성된다는 정도로 참고만 하기 바란다.

대부분 사용하고 있는 것으로 보이는 열반사단열재는 부직포 스펀지에 알루미늄 층을 부착한 것을 말하는데 복사열을 차단하는 기능만 있을 뿐 단열의 효과는 전혀 없다느니, 같은 두께의 스티로폼보다 단열성능이 더 떨어지느니 하는 말들이 있으나 필자가 그런 분야의 전문가가 아니어서 입증해 볼 수가 없다. 이런 말들이 있으면 제조회사에서 그렇지 않다는 입증자료를 만들어 널리 알리면 좋으련만 어떻게 하고 있는지 궁금하다.

좌우간 이런 과정을 거쳐 벽체를 세우면 되고, 내부 칸막이벽과 천정작업도 같은 샌드위치패널을 사용하기에 동일한 방법으로 공사를 진행하면 된다. 이제 지붕작업을 해야 한다.

천정작업을 먼저 해놓으면 천정을 비계 삼아 중도리 고정 작업과 지붕작업을 할 수 있어 편리하다. 지붕 공사를 하기 전에 지붕과 골조를 연결해주는 중도리 작업을 마무리해야 할 때이다. 중도리는 파스너를 끼워둔 부분에 볼트를 모두 고정하고 그 위에 다시 용접을 하여 최대한 튼튼하게 마무리해야 지붕이 통째로 날아가는 일이 없다.

지붕은 225~250밀리미터 4골 지붕 패널이나 징크 패널 등을 사용하여 그것으로 외부마감까지 마무리하는 경우도 있고, 샌드위치 패널을 붙인 후 단열재를 붙이고 그 위에 다시 마감재를 사용하여 마감을 하는 경우도 있다. 어떤 방식으로 공사를 하든 지붕공사에서 제일 중요한 것은 단열과 방수이다. 특히 자재의 연결부위와 자재의 끝 부분은 단열과 방수가 잘 되도록 마무리해 주어야 한다. 특히 벽체와 지붕이 만나는 부분은 안팎에서 밀도 있게 우레탄 폼을 채워주어야 한다.

못을 박는 부분이 노출될 경우에는 녹이 스는 것을 방지하기 위한 조치도 필요하다. 지붕 패널을 올릴 때에는 패널이 길고 무게가 있으므로 크레인을 불러 작업하는 게 안전하며, 크레인으로 끌어 올릴 때에도 중심 부분에 무게중심을 잘 맞추어 두 줄로 묶어서 올려야 안정적으로 작업을 할 수 있다.

바람이 불 때 크레인 작업을 하면 패널이 날려 위험한 상황이 발생할 수 있으므로 가능하면 바람이 부는 날에는 지붕작업을 하지 않는 것이 좋다. 어디서나 패널 작업은 첫 장이 중요하다. 첫 장을 잘못 설치하면 집이 비뚤어져 보일 수도 있고 마무리 작업이 어려워질 수도 있기 때문이다. 첫 장을 올릴 때 처마선과 중심선을 정확히 잡고 양쪽 끝에 볼트를 두 개 정도 박아 날리지 않도록 임시 고정해 둔 후, 중도리 부분과 패널이 만나는 지점에는 나중 볼트를 채울 자리를 표시해 두어야 고정 작업을 편하게 할 수 있다.

볼트를 채울 때에는 볼트 캡을 끼우게 되는데 캡과 지붕 사이에 틈이 있을 수 있으므로 주위에 실리콘 처리를 해주는 것도 잊어서는 안 된다. 지붕을 얹고 나면 자재의 끝선 작업이라 할 수 있는 후레싱 작업을 하게 되는데 이 작업에서 가장 중요한 작업은 측면과 정면이 만나는 부분의 처리이다. 후레싱이란 지붕이나 창문 등을 설치한 곳의 상부에서 빗물이 흘러내릴 경우 이 빗물이 실내로 스며들지 못하도록 개구부의 상단이나 하단에 설치하는 얇은 금속판이나 플라스틱 판을 말한다.

지붕 마감재료에 대해 조금 살펴보고 넘어가자

지붕의 마감재료 중에서 가장 일반적인 것은 아스팔트 슁글이며 그 외에 기와, 금속판 등이 사용되기도 한다.

아스팔트 슁글은 아스팔트, 유리섬유, 스톤칩을 혼합하여 생산된 제품이며, 다양한 색상과 가볍고 높은 유연성 및 시공의 용이성과 저렴한 가격에 비해 기능이 우수하다는 등의 장점이 있으며, 어떤 형태의 지붕 마감에도 적용할 수 있다.

금속기와에는 알루미늄이나 아연도금을 한 강판 등이 있으며, 세라믹 지붕재는 시멘트와 점토 등으로 만든 얇은 판 모양 기와를 말하고, 점토기와는 유럽에서 주로 사용하는 지붕 마감재로 방수성, 방습성, 열차단성, 통풍, 구조적인 안정성 등 다양한 장점이 있으며, 색상이 아름답고 입체감이 있어 조화로운 배열로 장식 효과가 커서 심미적인 면도 우수하며, 평범한 주택을 중후한 매력의 고급 스타일로 보이게 하는 자재이나 자재비와 시공비가 비싸다.

또 징크 제품이 있는데 징크는 아연을 말하는데, 진짜 아연은 가격이 비싸 사용되는 사례가 거의 없으며, 실제로는 알루미늄이나 강판에 징크를 도금한 정도의 자재가 사용되고 있다.

벽체나 지붕공사에 대해서는 이 정도에서 그치고 이제 외장마감에 대해 살펴보자.

외장 마감재에는 다양한 종류가 있다.

벽돌이나 목재, 석재, 금속재, 노출콘크리트, 석회석, 각종 사이딩이나 스타코플렉스 등으로 외부 마감을 하고 있다. 여기서는 최근 전원주택 건축에 많이 사용되고 있는 각종 사이딩과 스타코플렉스에 한정하여 살펴보기로 한다.

사이딩이란 판재의 형태로 외벽에 붙여 시공하는 것을 말하는데, 어떤 벽체든 시공이 용이하여 널리 사용되고 있다. 가장 많이 사용되고 있는 시멘트사이딩은 목재 무늬를 넣은 것으로 시멘트에 섬유질을 섞어 압축시킴으로써 휨과 깨짐을 방지할 수 있도록 만든 제품이다. 가격이 저렴하고 수명이 길며 관리가 용이하다. 또 원하는 색을 칠해 사용이 가능하기 때문에 색상 선택이 자유롭기도 하다. 하지만 고급스러워 보이지 않는다는 점 때문에 사용을 꺼리는 면도 있다.

세라믹사이딩은 모래와 펄프 및 시멘트 배합제에 세라믹을 코팅하여 만든 제품으로 변색이 가장 안 되는 자재이며, 가볍고 화재에도 안전하며 유지보수가 용이하나 가격이 비싸고 시공을 위해서는 하지틀 작업을 해야 하므로 시간과 비용이 추가된다는 단점이 있다.

써모사이딩은 알루미늄 합금강판에 고내후성 도료를 코팅한 사이딩으로 단열, 방수, 결로 방지 등 우수한 기능을 가지고 있는 준불연 재료의 사이딩이며, 변색이 없고 외부충격에 강하다. 또한, 저렴한 가격과 유지보수가 용이한 것이 큰 장점이다. 자칫 너무 심플하고 단조로워 보일 수 있다는 점이 단점이긴 하다.

스타코는 대리석 가루와 점토분을 혼합한 자재로 시공이 편하고 유지관리가 용이하며 단열, 방수, 방음이 동시에 가능하다는 장점이 있으나 외부충격과 화재에 취약하고 균열이 발생한다는 치명적 단점이 있다. 이를 보완하기 위해 최근엔 스타코플렉스라는 제품이 이용되고 있다.

스타코와 스타코플렉스의 가장 큰 차이점은 자재의 탄성 유무에 있으며, 스타코플렉스는 이 탄성으로 인해 시공 부위의 균열현상을 최소화할 수 있다는 제품이다. 스타코플렉스의 시공방법은 드라이비트 공법과 같다고 보면 된다. 필자도 전원주택에 살고 싶은 생각에 서울의 가족들을 떠나 홀로 농촌에 내려와 있다.

스타코플렉스의 시공방법이나 깔끔한 마감이 예뻐 보여서 나중에 집을 지으면 이걸로 마감을 해볼까 생각 중이다. 이하에서는 필자가 관심 있는 스타코플렉스 시공방법에 대해 간단히 적어볼까 한다.

스타코플렉스 마감을 위해서는 샌드위치패널 작업 후 50밀리미터 정도의 스티로폼을 마감할 면에 붙여준다. 붙일 때에는 실리콘을 군데군데 도포한 후 붙이고 붙인 후에는 피스로 단단히 고정하며 빗물의 침투를 막기 위해 기초콘크리트보다 5센티미터 정도 내려서 스티로폼을 붙인다. 이때 피스는 아연 피스를 써야하는데 철판 피스는 유격으로 인해 후일 빠질 우려가 있기 때문이다. 스티로폼 작업 시 면이 고르지 못할 경우에는 샌딩기를 이용해 면을 고르게 해주어야 마무리 후 벽면이 고르게 나온다.

샌딩이 마무리 되면 각 모서리 부분은 전용 몰탈을 이용해 코너비드를 붙이고 퍼티작업을 해준다. 그 다음 스타코플렉스 마감작업 시 오염될 소지가 있는 부분은 모두 비닐로 보양작업을 한다. 보양이 끝나면 벽면 전체에 몰탈을 초벌하고 그 위에 유리섬유로 된 메쉬를 붙인다. 메쉬작업이 완료되고 1차 미장을 한 후 벽면이 마르면 2차 미장을 하게 된다. 2차 미장 후 마르기를 기다렸다가 실리콘 작업이 필요한 창문틀 등에 실리콘 도포를 한 후 전체적으로 벽면 샌딩작업을 하여 평활도를 높여준다. 그런 다음 스타코플렉스를 전체 마감 벽체에 흙손을 이용해 미장작업을 하면 외장 마감공사가 마무리 된다.

스타코플렉스를 바를 때에는 시공 시간의 차이로 인해 면에 단차가 생기지 않도록 비계를 이용해 아래에서 위까지 3명 정도가 한꺼번에 작업을 해나가야 한다.[153] 이제 외장까지 마무리 되었으니 집안으로 들어가 내부의 바닥을 정리해 보자.

---

153) 스타코플렉스의 공사조건 등에 대해서는 한국바로코 홈페이지에 있는 시방서를 참조하면 된다.

내부 미장공사

바닥공사를 시작하기 전 전기, 통신, 보일러 등의 공사는 어느 정도 완료되어 있어야 한다. 외장공사가 마감되면 위의 공사들을 시작할 수 있으므로 건축주나 현장관리인이 적절히 작업의 순서를 통제해 나가면 될 것이다. 내부 바닥마감을 어디까지 할 것인지 도면을 보고 정확한 높이를 측정하고 수평을 잡아 벽면에 먹줄을 튀겨 표시를 해둔다. 그런 다음 기초매트 위를 깨끗이 청소해 주어야 이후 작업을 할 때 울퉁불퉁한 면이 없게 된다. 청소가 끝나면 바닥 전체적으로 폴리에틸렌 필름을 깔아 바닥에서 올라오는 습기를 방지해 주고, 그 위에 단열재인 스티로폼을 법정 규정에 맞게 깔아 준다. 스티로폼은 비드법보온판 가등급 2종 1호를 쓰는 것이 좋다. 열전도율이 낮고 비교적 습기에 강하기 때문이다. 스티로폼을 깐 다음 벽체와의 공간이나 스티로폼 연결 부위 등에 우레탄 폼을 꼼꼼히 도포하여 빈틈이 없게 해주어야 단열을 최대화할 수 있다. 이 스티로폼 위에 5밀리미터 롤 단열재나 열반사단열재를 시공하는데 아래에 있는 스티로폼에 수분이 침투하여 성능이 저하되는 것을 방지함과 동시에 일부 단열의 효과도 상승시키는 역할을 한다.

롤 단열재를 깐 다음 다시 한 번 구석구석 청소를 하고 마지막은 청소기를 이용해 깨끗하게 정리를 한 다음, 난방배관인 엑셀파이프를 고정시킬 수 있는 와이어 메쉬를 깔아준다. 난방배관으로 주로 사용되는 엑셀파이프는 산과 알칼리에 대한 부식의 염려가 없고 Creep변형이 거의 없으며,[154] 녹이나 스케일이 생기지 않아 반영구적으로 사용가능한 배관이다.

---

154) 크립변형이란 특정온도나 하중이 유지될 때 시간의 흐름에 따라 소재의 변형량이 점차 증대되는 현상을 말한다.

더불어 제품의 무게가 가볍고 신축성이 있어 시공성이 우수하고 금속관에 비해 마찰계수가 적어 온수 순환이 양호하여 바닥 난방배관으로 사용하기에는 안성맞춤이라 할 수 있다. 단점이기도 하고 시공 시 주의할 점이기도 한데 시공 시 이음을 하지 말아야 한다는 것이다. 이음부가 시간이 지나면 누수가 생기는 직접적인 원인이 되는 경우가 많기 때문인데 꼭 이어야 한다면 정확한 방법을 통해 이음을 해야 한다.

난방배관 작업을 하면서 결속선을 이용해 와이어 메쉬에 잘 고정해 주어야 위로 떠오르는 것을 방지할 수 있다. 엑셀파이프는 시중에서 80미터 및 100미터 롤 단위로 판매하는데 100미터 롤을 사용하여 배관 설치공사를 하되, 보일러 분배구에서 연결된 하나의 배관이 다시 분배구로 연결되도록 공간분배를 적절히 해야 한다. 공간분배를 잘못하면 도중에 배관이 부족하여 연결해야 하는 문제가 발생할 수도 있기 때문이다. 30평대 주택의 공간분배를 하면 100미터짜리 4~5롤 정도의 엑셀파이프가 필요할 것으로 보이며 각 구획된 공간을 하나의 파이프로 연결하면 된다. 배관 배치는 벽체에서 10센티 정도를 띄어서 해야 벽체 아래에 습기가 차는 것을 방지할 수 있다.

난방배관을 구입할 때에는 실내에 보관한 것 그리고 생산된 지 오래되지 않은 것으로 구매를 해야 한다. 실외에 보관하고 파는 것은 장기간 햇빛에 노출될 경우 경화되어 품질이 떨어질 가능성이 다분하기 때문이다.

배관설치가 끝나면 배관의 누수여부를 확인하기 위한 통수시험을 해보아야 한다. 이것 때문에 난방배관 설치 전에 보일러가 설치되어 있으면 편하다는 것이다. 보일러 설치 전이라면 이 통수시험을 하기가 어렵다. 배관을 설치 한 후 그 위에 비닐하우스 그늘막으로 사용되기도 하는 차양막을 덮고 와이어 메쉬에 팽팽하게 잘 고정시켜 준다. 이렇게 해야 몰탈을 칠 때 파이프가 밀리지 않고 몰탈도 골고루 채워질 수 있다.

차양막을 설치하는 이유는 엑셀파이프 내에 공기가 차 위로 떠오르는 것을 방지함과 동시에 몰탈의 크랙을 방지하기 위해서이다. 이제 이 차양막 위로 미리 벽체에 표시해 둔 위치까지 몰탈을 치면 내부 바닥 공사는 완료된다. 몰탈을 치고 좀 남겨서 정화조 주변에 타설을 해주는 것도 경제적이리라 생각한다. 어차피 그렇게 하지 않으면 다음에 다시 레미콘 타설을 해야 사용승인을 받을 수 있기 때문이다. 이후의 작업은 바닥 마루작업, 도배, 내부 인테리어 등이 있겠으나 그런 부분들은 독자의 취향에 따라 적절히 하면 될 것이다. 이제 집도 지었으니 전원생활을 본격적으로 시작하게 되는데 매일 집에서 놀 수는 없고, 무언가 여유롭게 할 일이나 적으나마 용돈이라도 만들 수 있는 수입원이 있으면 좋은 일 아니겠는가. 필자도 나이 먹어 삼식이가 되지 않으려고 공인중개사 일에 발을 들여놓았다. 날마다 출근할 사무실이 있고, 그곳에 친구들을 불러 어울리기도 하고 동네 사람들 사랑방으로 사용해도 좋으리라는 생각이다. 게다가 정년도 없고 내가 사장이니 내 마음대로 문 닫고 여행을 다녀와도 되고 봄이 되면 나물도 캐고 꽃구경도 하고, 농사철 되면 농사일도 하고 수확해서 용돈벌이도 하고 그게 전원생활의 즐거움 아니겠는가. 다음 장에서는 그런 소소한 일거리들에 대한 얘기를 좀 하려한다.

벌레와의 동거

여름철인 요즈음 필자는 벌레들과 함께 잠을 잔다. 아무리 약을 치고 틈새를 막아도 그 작은 창문 틈으로 벌레들이 들어와 동침을 원하기 때문이다. 시골에 집을 지을 때 이 벌레들이 방안으로 침입하지 못하도록 하는 시공방법은 없을까 고민해 볼 필요가 있다고 생각한다.

7장 소일거리와 전원생활 즐기기

소일거리

우리나라의 1~2인 가구가 전체 가구의 60%를 넘었다고 한다. 그것도 주로 노년층이다. 매년 통계청에서 발표하는 우리나라의 가구당 평균 순자산을 보면, 2022년 3월말 현재 자산 5억 4천 7백만 원, 부채 9천 1백만 원이며 순자산은 4억 5천 6백만 원이다. 하지만 순자산 4억 이상인 가구는 전체가구의 36%에 불과하다.

2인 가구가 1년을 사는 데 들어가는 생활비는 대출이자를 제외하고도 평균 3,000만원에 육박한다는 점을 감안할 때 순자산 4억 미만인 64%에 달하는 가구의 삶이 팍팍할 것임은 자명하다.

한 달에 250만원 꼴인데 각종 공과금에 핸드폰 사용료, 보험료, 유류비, 경조사비 등 고정된 지출을 제외하고 나면 150만 원 정도가 생활비의 전부일 것이다. 그나마 나이 들어서도 직업이 있다면 다행이지만 직업이 없이 국민연금이나 노령연금 등 연금으로 생활을 해야 한다면 굳이 생활비가 농촌에 비해 상대적으로 많이 드는 도시에 살아야 할 필요가 있을까 싶다.

그래서 필자는 권하고 싶다. 공기 좋고 교통 복잡하지 않으며 식재료의 일부를 자급할 수도 있는 곳, 게다가 부지런하기만 하면 큰 자본 들이지 않고도 수입원을 확보할 수 있는 농촌으로 귀촌하는 것을 고려해 보라고. 도시에서는 누릴 수 없는 여유와 재미가 있으며, 얼마간의 수입 창출도 가능하다. 어떤 것들이 있는지 소개해 본다.

여기서는 편의상 약 500평의 농지를 매입하여 100평의 대지엔 25평 정도의 경량철골조 집을 한 채 짓고, 320평 정도는 텃밭으로 활용하며 나머지 80평에는 조그마하게 비닐하우스를 만들어 닭이나 애완동물을 키우는 것을 전제로 해보았다.

필자가 귀촌하면서 원칙을 하나 세운 게 있다. 농사를 조금 짓되 즐겁고 여유로운 농사일이 되어야지 힘들고 고된 생계형 농사가 되어서는 안 된다는 것이다. 농사 뿐만 아니라 귀촌 이후 행해지는 모든 일에 이 원칙을 적용할 생각이다. 즐겁게 전원생활을 즐기기 위해 귀촌한 것이지 돈을 벌기 위해 귀촌한 것이 아니기 때문이다. 이쯤에서 돈이 있어야 귀촌할거 아니냐고 반문할 독자도 있겠지만 저렴한 비용으로 농지나 주택을 임차할 수도 있을 터이니 마음먹고 미리 준비한다면 그리 어려운 일이 아니다.

지난 2021년 기준 통계청 자료에 의하면, 필자가 머무르고 있는 충남의 귀농인구는 1,821명(전국의 12.6%), 귀촌은 53,250명(10.7%)으로 전국 지자체 중 각각 2위와 3위를 차지했다. 특히 수도권에서 충남으로 귀농·귀촌하는 비율은 전국 1위다.

귀농의 56.5%, 귀촌의 37.1%가 수도권에서 오고 있다. 충남은 수도권과 경계가 맞닿아 있는 지역으로 그만큼 수도권으로의 접근도 용이하고 이동시간도 짧다. 게다가 정착비용이 상대적으로 저렴하며 발전 전망은 밝은 편이다. 필자가 충남 당진을 택한 이유도 여기에 있다.

텃밭 가꾸기

텃밭 농사를 위해서는 경운을 하기 전에 거름을 주고 병충해 방지를 위한 토양살충제를 살포해 준다. 물론 자가소비도 하고 친척이나 지인들도 함께 소비해야 할 농산물이기에 병충해로 인해 농사가 망하지 않을 정도 최소한의 농약만을 살포해도 충분하다. 이후 경운을 해주고 이랑을 만들게 되는데 소형관리기를 이용하여 손쉽게 작업이 가능하다.

예전엔 경운을 순전히 노동력을 이용해 하였으나 요즈음엔 그렇게 하는 사람은 거의 없고 대부분이 관리기를 이용하여 밭을 갈고 이랑을 만들기 때문에 혼자서도 충분히 가능하다.

소형관리기는 중고장터를 이용하면 150만원 내외로 구입가능하며, 이웃 관리기 소유자한테 일당을 주고 경운과 이랑 만들기를 부탁해도 된다. 이것도 싫으면 농기계 임대사업소에서 저렴한 비용을 지불하고 직접 농기계를 임대하여 작업한 후 반납을 해도 된다. 경운과 이랑 작업이 끝나면 멀칭작업과 점적호스 설치작업을 동시에 함으로써 잡초의 발생을 방지하고 물주기 작업을 하지 않아도 된다.[155]

각종 농자재는 농협 회원이 되면 저렴하게 구매할 수 있으며, 농기계도 정부의 지원정책으로 시장가격의 50% 정도의 저렴한 가격에 구매할 수 있다. 필자가 농촌에 살면서 피부로 느끼는 것은 정말 요즘 농사짓는 일이 많이 편리해졌다는 것이다.

지금은 필자가 직접 농사를 짓지는 않고 친척의 농사일을 도우며 하나

---

155) 멀칭이란 두둑에 비닐을 씌워 잡초의 발생을 방지하고, 습도와 온도를 유지시켜주는 기능을 하는 것이며, 점적호스란 멀칭 비닐 아래에 설치하여 자동으로 식물에게 물을 공급해주는 호스로 중간 중간 작은 구멍이 뚫어져 있어서 서서히 물을 공급하게 되는 관수장치의 일종이다.

씩 배우고 있긴 하지만 나도 할 수 있겠다는 자신감을 하나씩 쌓아가고 있다. 텃밭에 재배할 수 있는 작물은 마늘, 감자, 고추, 고구마, 콩, 들깨, 김장배추 등이다. 아마도 독자들 대부분이 농사 경험이 없을 것이기 때문에 비교적 재배하기 용이한 작물을 위주로 하는 것이 좋을 듯하다. 마늘은 중부지방의 경우 한지형 마늘을 재배하는데 10월 중순~하순에 파종하여 다음해 5월 말~6월 중순경까지 수확하는 작물이다.

남부지방의 경우엔 난지형 마늘을 심는데 9월 중순~10월 상순에 파종하여 다음해 5월 중순~6월 초까지 수확하게 된다. 약 100평 정도만 심어도 50접 이상은 수확이 가능하리라 생각한다.

고추의 경우 200평에 심으면 300근 정도의 수확은 가능하다. 마늘을 수확하고 나면 들깨를 심어 잎은 반찬으로 먹고 가을엔 들깨를 수확하여 들깨나 들깨기름으로 소득을 올릴 수도 있다. 여기에 콩도 심고 감자도 심고 고구마도 심어 수확할 수 있다. 자가에서 소비하는 것을 수입에서 제외한다고 해도 이들 수확물을 판매하면 연간 약 1,000여만 원 정도의 수입을 올릴 수 있으니 충분히 농촌생활에 도움이 되는 수입원이라 생각한다.

평당 15만원에 농지 320평을 매입하여 연 1,000만원의 수익을 올린다고 가정하면 투자 대비 수익률이 1,000만원÷4,800만원이므로 약 20%가 나온다. 평당 20만원에 사도 15.6%의 수익률이 나온다면 해볼 만한 것 아닌가. 거기에 지가까지 올라가 준다면 금상첨화다.

일정 기간 자경을 한 후에 양도를 하면 양도소득세를 한 푼도 내지 않아도 되기 때문이다. 텃밭 주위에는 딸기, 복숭아, 사과, 배, 블루베리 등 과실수나 야채류를 심어 놓으면 계절에 따라 여러 가지 과일이나 싱싱한 야채류를 수확할 수 있으며, 그 양이 자가 소비를 하고도 남을 만큼 충분한 양이다.

닭이나 애완견

텃밭 중 80평을 남겨둔 것은 우선 닭을 키워보고 싶어서이다. 폐쇄된 좁은 공간에서 스트레스 받아가며 사는 닭이 낳은 알을 먹고 싶지 않아서이다. 유정란이든 무정란이든, 폐쇄된 공간에서 자라든 좋은 환경에서 낳은 알이든 영양가에 있어서 얼마나 차이가 있을까마는 그래도 왠지 내가 직접 정성들여 키운 닭이 낳은 알이 심리적으로 맛도 좋고 영양가도 높을 것 같다. 많이 키우면 그것도 사육장과 다를 바 없을 것이기에 10마리 정도가 딱 좋을 듯하다.

수탉 2마리에 암탉 8마리. 이들이 낳은 알을 자가소비하고 남으면 이웃과 나누어 먹고 그래도 남으면 좀 팔아도 좋고. 농촌에서는 도시와 달리 닭이 좀 울어도, 냄새가 조금 있어도 크게 문제될 것은 없다. 그게 좋다. 농사철이 되면 도처에서 거름 냄새가 나지만 그걸 누가 탓하거나 민원을 제기하는 일은 없다.

최근 알게 된 일이지만 순종 애완견을 몇 마리 키워보는 것도 괜찮으리라는 생각이 들게 하는 일이 있었다. 지인이 단모 닥스훈트 암컷 한 마리를 키우는데 교미를 시킬 곳을 찾기가 쉽지 않았다. 겨우 찾았는데 교미비용이 50만원이었다. 새끼를 낳으면 모두 분양해 주겠다고 하는데 마리당 가격이 생각보다 비싸다. 시골에서 애완견을 키우며 그 개가 새끼까지 낳는다면 그것도 좋은 수입원이 될 수 있겠다는 생각이 들었다. 시골에서 애완견을 키우는 것은 도시에서 키우는 것보다 훨씬 수월하다. 지나가는 차들이 많지 않아 안전하고 언제든지 원하면 밖에 나가 뛰어놀 수 있는 환경이기 때문이다.

꼭 닭이나 애완견이 아니더라도 농지 중 일부의 공간을 할애하여 주변

이웃들에게 피해가 되지 않는 범위에서 얼마든지 동물을 사육할 수 있는 환경이기에 적으나마 농가 수입원으로 충분히 활용할 수 있을 것이란 생각이다.

주택의 지붕을 활용한 태양광발전

시골의 경우 거의 모든 가구가 단독주택에서 생활하기 때문에 자기의 지붕을 활용할 수 있다. 주택의 지붕을 활용하여 태양광 발전 시설을 설치하면 전기세를 거의 내지 않고 살 수도 있고, 매월 40~50만원의 수입을 창출할 수도 있다. 전자의 경우는 주택에 설치하는 자가용 태양광 발전이고, 후자의 경우는 사업용 태양광 발전이다.

태양광 발전의 대표적인 장점은 전기요금 절감이다. 뿐만 아니라 이 태양광발전은 발전 과정에서 오염원을 전혀 배출하지 않는 깨끗한 에너지인 태양열만으로 발전을 하기에 지구 온난화 및 환경오염을 줄이는데 도움이 된다. 이하에서 자가용 태양광 발전시설과 사업용 태양광 발전시설에 대해 살펴본다.

자가용 태양광 발전사업의 경우 정부 및 지자체의 지원을 받을 수 있으므로 큰 비용 들이지 않고 시설물을 설치할 수 있다. 주택의 태양광 설치 비용은 매년 산업통상자원부에서 결정하는 총사업비 상한제에 의해 결정된다.[156]

일반 주택의 경우 1세대당 발전용량이 3킬로와트 이하여야만 지원금을 신청할 수 있으며, 3킬로와트 일반 모듈의 경우 주택 태양광설치 최대비용 상한액은 5,966,000원이다. 이 비용이 태양광설치 업체가 개인 소비

---

156) 산업통상자원부 공고 제2023-318호 '2023년 신재생에너지 보급사업 지원공고' 참조.

자에게서 받을 수 있는 금액의 한도인 것이다. 신청자격은 기존 또는 신축 주택의 소유자 또는 소유예정자이다.

정부의 보조금 지원 단가를 보면, 2킬로와트 이하의 경우 킬로와트 당 1,181,000원이고 2킬로와트 초과~3킬로와트 이하의 경우엔 936,000원 이다. 예를 들어 내가 일반모듈로 3킬로와트의 태양광발전 설비를 설치하려면 정부로부터 2,808,000원을 지원받고 자비로 3,158,000원 내면 된다. 그러나 이걸 다 자부담한다면 좀 부담스러울 수 있다.

정부 지원금 외에 별도로 광역 자치단체 지원금과 기초 자치단체 지원금이 있다. 자치단체마다 지원금이 다를 수 있고 또 자치단체의 지원금은 설치 완료 후 개인이 신청하지 않으면 지급되지 않기 때문에 자치단체별로 금액과 절차를 잘 알아두어야 지원금을 받을 수 있다.

또 2022년 650억 원이던 정부지원금 총액이 2023년엔 489억 원으로 25% 가량 줄어들었으며 2024년엔 지원규모가 어떻게 줄어들지 모르기 때문에 모든 신청자가 지원을 받기는 어려워 보이기도 하다.

다음은 사업용 태양광 발전시설에 대해 살펴보면 다음과 같다

사업용 태양광을 지붕 위에 설치할 경우에는 태양광설치를 전문으로 하는 업체에 의뢰하여 일정 절차를 밟고 설치하게 된다. 통상 경량철골을 이용하여 골조를 만들고 그 위에 설치를 하고 있으며, 19킬로와트의 발전설비의 경우 전체 설치비용은 대략 3,500만 원 정도 소요되고 있는 것 같다. 보다 자세한 설치비용은 설치 시에 견적을 받아보면 알 수 있을 것이나 그 정도 비용이면 충분하리라 생각한다.

설비용량 20킬로와트 이하의 발전설비는 전기안전관리자를 선임하지 않아도 되기 때문에 통상 19킬로와트 정도로 설치한다.[157] 이 법조항에 따르면 20킬로와트까지는 설치해도 될듯하지만 같은 법의 다른 조항에서는 용량이 20킬로와트 이상인 '신에너지 및 재생에너지 개발·이용·보급 촉진법'에 따른 신재생에너지 설비가 자연재해나 설비고장으로 발전 또는 운전이 1시간 이상 중단된 경우 사고발생 24시간 이내에 유관기관에 통보해야 하는 의무가 있기 때문에 통상 20킬로와트 미만으로 설치하고 있으며,[158] 이런 이유 외에도 20킬로와트를 초과할 경우엔 전기안전관리자를 선임해야 하고 매달 선임에 따른 비용을 지불해야 하기 때문이기도 하다. 20킬로와트 초과냐 미만이냐의 기준은 태양광 모듈이 기준이다.

독자들이 궁금한 것은 그렇게 사업용 태양광을 설치하면 매달 어느 정도의 수입이 가능한가일 것이다. 최근 한국전력공사의 적자 누적 등의 이유로 전력거래가격 상한제를 도입하게 됨에 따라 민간발전사들 간에 말들도 많고 헌법소원까지 준비하고 있다는 말들이 들리고 있으나, 농촌에서 자그마한 수입원으로 활용하고자 19킬로와트의 설비만을 소유한 소규모 사업자들에게는 크게 와 닿지 않는 얘기들이다.

이미 전기를 생산하고 있는 사람들의 경우 지금까지는 매월 50~60만 원 가까운 수입이 있었다고 하나, 전력거래가격 상한제에 따라 SMP에 영향을 받는다고 해도 매월 40만 원 정도의 수입은 가능하리라 본다. 그렇더라도 투자금액 대비 연간 13.7%의 수익은 나는 셈이니 괜찮은 사업이란 생각이 든다.[159]

---

157) 전기안전관리법 시행규칙 제25조 제1항 참조
158) 전기안전관리법 시행규칙 별표16 참조
159) SMP는 System Marginal Price의 약어이며, 계통한계가격이라는 용어로 통용되고 있다. 태양광발전 사업자는 태양광으로 생산된 전기를 판매해서 수익을 얻게 되는데, 그 판매가격이 SMP이며, 사업자가 한전에 판매하는 전기의 도매가격으로 이해하면 될 것이다.

손해평가사

귀촌이나 귀농을 생각하고 있는 독자라면 미리 손해평가사 자격증을 취득해 보라고 권하고 싶다. 손해평가사라고 하면 갑자기 무슨 전문자격시험이냐고 궁금해 할 독자도 있을 것이다. 그러나 손해평가사가 하는 일을 보면 왜 필자가 손해평가사를 여기서 소개하는지 이해하게 되리라 생각된다. 손해평가사는 농작물재해보험 및 가축재해보험에 관하여 다음과 같은 업무를 수행하도록 관련법에 규정하고 있다.

> ① 피해사실의 확인
> ② 보험가액 및 손해액의 평가
> ③ 그 밖의 손해평가에 필요한 사항[160]

최근 지구온난화의 영향으로 많은 자연재해들이 발생하고 있다. 태풍, 우박, 가뭄, 고온현상, 갑작스러운 추위, 화재, 각종 병충해 및 조수해 등의 발생빈도며 강도가 예전과는 많이 달라지고 있으며, 그로 인한 농업인의 피해가 날로 늘어나고 있는 추세이다.

이러한 피해를 적절히 보상하기 위해 정부에서는 2001년 정책보험인 농어업재해보험제도를 도입하게 되었고 보험가입자와 보험대상 농작물은 날로 증가추세에 있다. 상기 재해들로 인해 보험가입자인 농어민에게 피해가 발생하게 될 경우 손해평가사는 현장으로 달려가 객관적이고 공정하게 손해를 평가하게 되고 평가한 손해율에 따라 보험가입자는 보상을 받게 된다.

필자도 현재 손해평가사 시험을 준비 중에 있다. 올해 1차와 2차를 동

---

160) 농어업재해보험법 제11조의3

시에 합격하는 것이 목표이긴 한데 이 책을 집필하느라 우선은 1차 시험에 집중하고 있으며, 원고의 탈고시기를 봐서 9월에 있을 2차 시험도 준비해 볼 요량이다. 1차 시험을 준비해 본 결과 그리 어려워 보이지는 않는다.

1차 합격률 통계를 봐도 70% 가까이 되고 있으니 다른 사람들에게도 그리 어렵지는 않은 모양이다. 문제는 2차 시험이다. 100% 주관식으로 단답형이나 계산문제가 출제되기 때문에 합격률이 그리 높지 않다. 그럴 수밖에 없는 것이 농어민에게 피해가 발생할 경우 그 피해를 객관적이고 공정하게 평가하려면 각 농작물별 피해율 계산방법을 자세히 알고 있지 않으면 자칫 보험가입자나 보험사업자에게 의도치 않은 피해를 줄 수도 있을 것이기 때문이다.

시험이 어려운 것이 아니라 다양한 농작물의 손해를 공정하게 평가하는 일 자체가 어렵기 때문에 시험이 어려워 보인다고 말하는 게 옳을 것이다. 농촌에 살면서 전원생활을 즐기는 것도 좋지만 주변의 피해 농가를 방문하고 피해사실을 조사하면서 그들의 고충과 애로를 알아가는 것도 전원생활의 일부라 생각하기에 농촌생활에 꼭 필요한 자격증이 아닌가 생각한다. 게다가 적지 않은 수입도 올릴 수 있으니 이 또한 좋은 일 아니겠는가.

1차 시험과목은 다음과 같다
① 상법 중 보험편
② 농어업재해보험법령(농어업재해보험법, 동법 시행령, 동법 시행규칙 및 농림축산식품부장관이 고시하는 손해평가 요령)
③ 농학개론 중 재배학 및 원예작물학

2차 시험과목은 다음과 같다
① 농작물재해보험 및 가축재해보험의 이론과 실무
② 농작물재해보험 및 가축재해보험 손해평가의 이론과 실무

합격하면 일정 기간 실무·보수교육을 받아야 하겠지만, 이 과정이 끝나고 협회나 기타 단체에 소속되어 일을 하기 시작하면 일당 25만 원 이상의 수입이 가능하다. 문제는 과연 일이 많이 있느냐이다.

도시에는 농지가 많지 않기 때문에 당연히 일이 많지 않을 것이기에 주로 농촌에 거주하면서 일을 해야 할 것으로 보이며, 자연재해 등이 많을수록 일이 많아진다는 게 참 아이러니하지만 사실은 그렇다. 게다가 자연재해 등이 발생한다고 해도 손해평가를 전적으로 손해평가사가 하는 것이 아니고 손해평가인이나 손해사정사에게도 손해평가를 의뢰할 수 있기 때문에 재해보험사업자가 일의 분배를 어떻게 하느냐에 따라 일감의 많고 적음이 결정될 수도 있다.[161]

갈수록 보험가입자 수가 늘어나고 보험 대상품목도 늘고 있기 때문에 일의 양이 줄어들지는 않을 것으로 보이며 농어업 관련 재해에 대한 전문인력인 손해평가사의 입지는 점점 강화되리라고 본다. 손해평가사 제도는 2023년 시험이 제9회이기에 아직 초창기라고 볼 수 있으며 해마다 응시자가 크게 증가하고 있다.

최종 합격자들의 연령대를 보면 40~60대가 주류를 이루고 있음을 볼 때 퇴직 이후를 생각해서 준비하는 사람들이 많다고 생각된다. 아무래도 손해평가사는 농작물이나 가축을 평가 목적물로 하기 때문에 농사나 가축에 대해 많은 지식이 있어야 하며, 경륜이 어느 정도 쌓여야 일을 순조롭게 할 수 있기 때문에 젊은 사람보다는 나이가 좀 든 사람들에게 적합한 자격이 아닌가 생각되며, 귀촌하는 사람들이 농사일도 하면서 프리랜서로써 재해평가 일을 하며 소득을 올리는 것도 보람되고 즐거운 일이 아닌가 생각된다.

---

161) 농어업재해보험법 제11조 참조

전원 생활의 즐거움

02

전원생활이라 해도 좋고 귀촌생활이라 해도 좋지만 어찌되었든 시골로의 이동이므로 시골생활이라 해도 좋을 것이다. 시골이라는 말이 그 자체로 고향 생각을 나게 하고 정겨운 단어인 듯하다. 귀촌하는 사람마다 지역이나 장소에 따라 나름의 즐거움과 소일거리가 있을 터이니 여기서는 필자의 개인적인 즐거움이나 일상의 소일거리를 소개하기로 한다.

귀촌하는 사람들에게는 이 시골생활의 즐거움이나 일상의 소일거리가 귀촌의 가장 큰 목적이 아닐까 생각된다. 필자 또한 마찬가지다.

필자가 현재 머무르고 있는 집은 산과 과수원으로 둘러 쌓여있는 곳이고, 사무실은 전면에 예당평야가 넓게 펼쳐져 있어 앞이 확 터진 2차선 도로변이다.

계절의 변화를 적나라하게 드러내는 자연의 한가운데에 살고 있는 셈이다. 만끽하고 있다. 금전적인 외적 수입은 적더라도 건강과 여유로움과 지식 등 내적 수입은 차곡차곡 쌓이고 있다.

아침에 일어나 창문을 열면 맑고 상쾌한 공기가 폐 깊숙이 들어와 온몸을 정화시켜 주는 듯하다. 그래 내가 이 공기를 마시려고 도시를 탈출해 이곳에 왔지 싶다.

하늘도 높고 새들이 여기저기서 지저귀며 멀리서 꿩 우는 소리가 쟁쟁

하다. 집 주변엔 온통 꽃으로 물들었다. 벚나무, 체리나무, 블루베리, 자두나무, 배나무, 복숭아나무, 콩배나무, 산수유, 개나리, 진달래꽃에 조팝나무며 으름덩굴 꽃까지 어디에 시선을 두어야 할지 모르겠다. 길 가다가 으름덩굴 암꽃을 자세히 들여다보니 애기 으름열매들이 옹기종기 모여 속삭이고 있다. 이것들이 익으면 두꺼운 껍질을 벗고 하얀 씨 많은 속살을 드러내게 되는데 그 맛이 달콤하고 은은하다.

진달래꽃이 필 때면 꽃을 따다가 암술과 수술을 골라내고 담금 전용 소주와 함께 담아 6개월 정도면 맛스러운 두견주가 되니 집에 찾아오는 손님에게 한잔 대접하기 안성맞춤이다.

딸기며 체리며 블루베리, 자두, 복숭아 등이 계절에 따라 차례로 익어가면 하나씩 골라 따먹는 재미도 있다. 자가소비를 위해 농약을 치지 않아 모양이 곱지는 않지만 그 맛은 일품이다.

아직은 아침과 저녁으로 기온이 낮고 쌀쌀해서 아침식사를 하기 전과 해질 무렵에는 난로에 불을 지펴야 한다. 농한기에 틈틈이 준비해 둔 장작을 때는데 금방 주위의 공기를 데워서 따뜻할 뿐만 아니라 난로 앞에 앉아 아무 생각 없이 불꽃을 바라보는 것도 즐겁다.

장작이 불에 타며 타닥타닥 소리를 내는데 무엇이 타는 소리인지 궁금하기도 하다. 저녁에는 장작불에 고구마며 감자, 밤, 마 등을 구워먹으며 시골의 기나긴 밤을 보내는 것도 여유롭고 행복하다.

시골에서는 늦가을에서 이른 봄까지는 해질 무렵인 오후 여섯 시가 조금 넘으면 저녁을 먹기 때문에 밤 열시쯤 되면 은근히 배가 고파 먹을 것을 찾게 될 때 허기를 달래기엔 그만한 것이 없다.

2월 중순부터 4월 중순 정도까지는 나물 채취가 즐겁다. 제일 먼저 나오는 냉이는 그 내음이 좋다. 겨우내 추위를 이겨내고 나오는 싹이라서 그럴까. 된장국이나 무침으로 만들어 먹으면 그것만으로도 밥 한 그릇은 금방 없어지고 몸도 건강음식이라고 좋아한다. 달래를 캐서 달래장을 만들어 밥을 비벼 먹어도 좋다. 두릅, 엄나무, 오가피, 화살나무, 머위, 쑥 등 반찬거리들이 도처에 깔려 있다. 바구니만 들고 나가면 빈손으로 올 일이 없다. 고사리나 두릅 등 몇몇 나물들을 채취하기 위해서는 동네사람들끼리 경쟁을 좀 해야 한다. 적절한 채취시기에 먼저 가는 사람이 따기 때문이다.

자연이란 서두른다고 되는 것이 아니다. 다 때가 있다. 때가 되기 전이나 때 늦은 시기에 바구니 들고 뛰어봤자 채취할 수가 없다. 때 이른 고사리 채취를 나갔다가 자연이 가르쳐 준다. 아직 때가 아니니 조금 있다가 오라고. 나는 쓴웃음을 지으며 돌아서지만 자연에 비춰진 나의 뒷모습이 조금은 부끄러워진다. 적당히 나누어 채취해 먹어도 충분할 텐데 혼자 다 먹겠다고 때 이르게 너무 서둘렀나하는 생각도 든다. 시골생활이란 이처럼 자연을 스승 삼아 자연에 동화되어가는 과정이 아닐까 생각해본다.

차로 15분 정도의 거리에 있는 5일장에 나가는 것도 즐거움이다. 시장에 나가면 먹거리도 많고 사고 싶은 것도 많다. 주변 도시들마다 장날이 달라 돌아다니는 재미도 있다.

배고프면 어묵이나 풀빵 몇 개 사먹고 시장 구경하다가 병아리 몇 마리 사들고 와도 되고 반찬거리 좀 사들고 와도 좋다. 작년에 시장에서 참당귀가 한 뿌리에 2만 원 하기에 사다 텃밭에 심었더니 올해 소복하게 잘 자라나 가지 몇 개 잘라서 삼겹살에 쌈 싸서 먹었더니 그 향기가 그만이다.

올 가을에 그 아저씨 시장에 나오면 두어 뿌리 더 사다 심어야겠다. 나무며 꽃이며 사다가 집 주변에 심고 싶은 것들이 많지만 원한다고 모두 살 수는 없다. 적당히 가꾸며 보고 즐길 수 있을 정도로만 심어야지 너무 과하면 육체적 고통이 심해진다.

집 주변 화단에 작은 나무들을 심고 꽃씨를 뿌려놓고 싹트는 모습이나 꽃 피는 모습을 관찰하는 것도 큰 즐거움이며, 나무들이 자라면 잘 다듬어 주고 이리저리 줄을 메어주며 내가 원하는 모습으로 키워가는 것도 큰 즐거움 중 하나이다. 물도 주고 거름도 주면서 보살피며 나의 발걸음으로 키운 것들이니 소중하기도 하다.

그러다 비라도 내리는 날이면 시골에서는 야외활동은 올 스톱. 아주 급한 일이 아니면 집안에 머무르며 쉬는 날이다. 발코니나 테라스 또는 베란다에서 커피 한잔 마시면서 비오는 모습을 가만히 보고 있노라면 운치도 있다. 지붕에 떨어지는 빗방울 소리며 비를 맞으며 날갯짓하는 새들의 모습도 노랫가락처럼 정겹다. 이런 날이면 테라스에 나와 숯불에 삼겹살을 구워먹으면 그만이다. 게다가 와인이라도 곁들여진다면 더욱 분위기 좋아진다.

동네 사람들끼리 오가는 정도 좋다. 뭐라도 새로운 반찬이나 먹거리가 있으면 가까운 이웃들을 불러 함께 식사를 하며 정담을 나눈다. 얼마 전엔 이름 모를 동물이 닭장에 들어와 닭을 열 마리나 물어 죽이고 도망갔다고 그 닭을 삶아놓았다고 와서 먹으라고 해서 배터지게 먹고 왔다. 그렇게 이웃끼리 서로 오가며 서로가 서로에게 동화되기도 하고 인지되기도 한다. 어려울 땐 서로 돕고 필요할 때 서로에게 손이 되어주며 그렇게 즐겁게 산다. 아니 그렇게 살아야 한다.

귀촌에 실패하는 가장 큰 이유가 스스로 외톨이가 되려는 성향 때문이 아닌가 생각된다. 서로 어울려 살다보면 즐거움이 배가된다는 사실을 잊지 말길 바란다.

농사일도 나름 묘미가 있다. 작년 가을에 심은 마늘은 텃밭 두 이랑에서 무럭무럭 잘 자라고 있다. 6월 수확할 때 보아야 하겠지만 대략 23접 정도의 수확량이 예상된다. 겨우내 빈 땅으로 있던 잔여 텃밭을 갈아 여섯 이랑을 만들어 감자를 심고 멀칭을 해놓았더니 벌써 씩을 틔웠다. 싹이 나온 곳의 비닐을 뜯어주고 물을 주었더니 벌컥벌컥 잘도 마신다. 갈증이 심했나보다.

4월말쯤 고추 심을 곳은 10여 개의 이랑을 만들어 미리 멀칭을 해놓고 점적호스를 통해 물을 흠뻑 주었다. 가뭄이 심해 땅이 많이 메말라 있기 때문이다. 추수하면 고추를 달라고 전화로 예약한 사람들이 벌써 많다. 주문 받은 물량이 이미 300근을 넘었으니 우리 먹을 고춧가루도 없게 생겼다. 300여 평쯤 되는 텃밭을 갈고 이랑을 만드는 일이야 소형 관리기를 이용하면 하루면 끝나고 모든 이랑을 멀칭 한다고 해도 쉬엄쉬엄 3일 정도면 끝낼 수 있는 일이니 그리 힘든 노동이 아니다.

하지 무렵 그동안 잘 가꾼 감자를 캐거나 10월쯤 고구마를 캘 때면 도시에 사는 손자 손녀들까지 찾아와 자연스럽게 농사 체험도 하고 자연을 만끽하기도 한다. 굼벵이라도 한 마리 나오면 소스라치게 놀라는 모습도 귀엽고 사랑스럽다. 이들이 다시 도시로 돌아갈 땐 할머니 할아버지가 텃밭에서 기른 야채나 감자, 고구마, 고추, 마늘 등을 보따리 가득 싸들고 기분 좋아하면 농부도 덩달아 기분 좋아진다.

여름엔 농촌에 벌레나 곤충들이 많아 살기 어렵다고 하는 사람들도 많으나 그것도 생각 나름이다. 전원생활을 즐긴다는 것이 좋은 것만을 누리겠다는 의미는 아닐 터. 시골에 살다보면 좋은 것, 나쁜 것, 귀찮은 것 등등 많겠지만 그 모든 환경을 받아들이고 대처하며 살아가는 것이 진정한 전원생활 아니겠는가. 새나 제비가 처마 밑에 집을 지으면 배변도 하고 시끄럽게 지저귀기도 해서 싫어할 수도 있지만, 배변 시 밑으로 떨어지지 않도록 받침대를 설치해 주고 사랑으로 지켜보니 새끼를 낳고 잘 키워 이소하는 모습을 보면 대견스럽고 뿌듯하기도 하며, 또 다음해가 되면 그들이 돌아오길 기다리게 된다.

시골에서는 건강을 위해 걷는 것도 흥겹다. 아침 일찍 일어나 상쾌한 공기를 마시며 농촌 길을 걷노라면 계절에 따라 사방이 꽃 천지이기도 하고, 푸르기도 하고, 황금색이기도 하고, 새하얀 눈밭이기도 하고. 그런 길을 따라 5킬로미터든 10킬로미터든 자연을 벗 삼아 힘닿는 대로 산책을 하다보면 문득 이게 전원생활의 진정한 즐거움이구나 하고 깨달을 때가 있다. 자연과 함께 살다보면 오늘과 내일이 다르고, 올해와 내년이 달라 내일이 기대되고 기다려지며, 내년이 기대되고 기다려지게 된다. 그렇게 여유롭고 행복하게 전원생활을 즐기면 되는 것이다.

소일거리

전원생활을 하면서도 일이 없으면 일상이 너무 심심하고 단조롭다. 무언가 할 일이 있어야 한다. 시골에서 수입이 많진 않겠지만 앞에서 이미 소개한 것들 이외의 소일거리를 찾는 일이 그리 어렵지는 않다. 무언가 하고 싶다는 욕망과 생각 나름이다. 요즈음엔 인터넷이 발달하여 도시에서 할 수 있는 거의 모든 일들을 시골에서도 할 수 있다. 필자도 가능한 많은 소일거리들을 찾아보려고 노력중이다. 꽃차도 만들어 보고 싶고, 목공도 해보고 싶고, 특용작물도 좀 재배해 보고 싶고, 유튜버도 해보고 싶고 관광통역 안내도 해보고 싶다. 앞으로 시골생활과 병행해 즐기면서 수입도 창출할 수 있는 일들을 하나씩 하나씩 경험해 볼 생각이다.

8장 건축법상 도로에 대하여

도로의 정의 및 관리 변천사

건축법상 도로의 정의 변천사

건축허가나 건축신고 시 대지가 도로에 접해야 한다는 것은 아는데 도로가 무엇인지를 모른다면 문제는 아는데 그 해법을 모르는 것과 같다. 따라서 건축법상 도로가 어떻게 정의되어 왔는가를 정확히 알아야 할 필요성이 있다.

현행 규정만 알면 되는 것이지 왜 변천사까지 알아야 하느냐고 반문할 독자도 있을 것이다. 아래 설명들을 보면 알게 되겠지만 농촌에서 건축을 함에 있어서 가장 중요한 현황도로와 관련하여 언제부터 어떤 현황도로였느냐의 기준점이 법령의 개정시점과 관련되어 있기 때문에 그 변천사를 살펴보는 것도 무의미하지는 않을 것이라 생각된다.

건축법의 제정 및 개정의 역사를 통해 도로의 정의가 어떻게 변천되어 왔는지를 먼저 살펴보도록 하자.

① 1962년 1월 20일 제정된 건축법 : 제2조 제15호에 의하면, 도로라 함은 폭 4미터 이상의 도로를 말한다. 시장, 군수가 도로의 신설 또는 변경에 관한 계획의 고시를 하였거나 위치의 지정을 한 도로도 또한 같다.

② 1963년 6월 8일 개정된 건축법 : 제2조 제15호에 의하면, 도로라 함

은 폭 4미터 이상의 도로를 말한다. 폭 <u>4미터 미만</u>으로서 시장·군수가 도로의 신설 또는 변경에 관한 계획의 고시를 하였거나, 위치의 지정을 하였거나 <u>기타 특히 필요하다고 인정한 도로도 또한 같다.</u>[162]

③ 1967년 3월 30일 개정된 건축법 : 제2조 제15호에 의하면, 도로라 함은 폭 4미터 이상의 도로와 <u>다음에 게기하는 것의 하나에 해당하는 예정도로로서 폭 4미터 이상의 것</u>을 말한다. 폭 4미터 미만의 도로로서 시장·군수가 지정한 도로도 또한 같다.

    가. 도시계획법·도로법 기타 관계법령의 규정에 의하여 신설 또는 변경에 관한 고시가 되었거나 시장·군수가 지정한 도로

    나. 건축허가를 할 때에 시장·군수가 그 위치를 지정한 도로

④ 1975년 12월 31일 개정된 건축법 : 제2조 제15호에 의하면, 도로라 함은 <u>보행 및 자동차통행</u>이 가능한 폭 4미터 이상의 도로(<u>막다른 도로에 있어서는 대통령령으로 정하는 구조 및 폭의 도로</u>)로서 다음에 게기하는 것의 하나에 해당하는 도로 또는 그 예정도로를 말한다.

    가. 도시계획법·도로법·사도법 기타 관계법령의 규정에 의하여 신설 또는 변경에 관한 고시가 된 것

    나. 건축허가 시 시장·군수가 그 위치를 지정한 도로

⑤ 1975년 12월 31일 개정된 건축법 부칙 제2조 : 기존도로에 대한 경과조치로서 <u>이 법 시행 당시 종전의 규정에 의한 도로로서 건축법 제2조 제15호의 규정에 적합하지 아니한 것은 동 규정에 불구하고 이를 도로로 본다.</u>

⑤의 부칙과 관련하여 대법원은 도로를 어떻게 정의하는지 판례를 하나 보고 넘어가자.

---

162) 법의 내용이 변경된 주요 부분에 밑줄을 그어놓았으니 참조하기 바란다.

1975.12.31. 법률 제2852호 건축법 중 개정법률 부칙 제2조는 이 법 시행 당시 종전의 규정에 의한 도로로서 건축법 제2조 제15호의 규정에 적합하지 않은 것은 동 규정에도 불구하고 이를 도로로 본다고 규정하고 있고, 그 전의 건축법(1967.3.30. 법률 제1942호) 제2조 제15호는 도로라 함은 폭 4미터 이상의 도로와 다음에 게기하는 것의 하나에 해당하는 예정도로로서 폭 4미터 이상의 것을 말한다.

폭 4미터 미만의 도로로서 시장 군수가 지정한 도로도 또한 같다고 규정하고 있으므로, 폭 4미터 이상의 도로는 폭 4미터 미만의 도로와는 달리 시장 군수가 도로로 지정하지 않은 사실상의 도로라 하더라도 건축법상의 도로에 해당한다 할 것이니, 사실상의 도로가 그 폭이 4미터 이상으로서 위 1975.12.31.법률 제2852호 시행일 전에 이미 주민들의 통행로로 이용되고 있었다면 이는 건축법상의 도로에 해당한다고 판시하고 있다.[163]

⑥ 1986년 12월 31일 개정된 건축법 : 제2조 제15호에 따르면, 도로라 함은 보행 및 자동차통행이 가능한 폭 4미터이상의 도로(지형적 조건 또는 지역의 특수성으로 인하여 자동차통행이 불가능한 도로와 막다른 도로의 경우에는 대통령령으로 정하는 구조 및 폭의 도로)로서 다음에 게기하는 것의 하나에 해당하는 도로 또는 그 예정도로를 말한다.

    가. 도시계획법 · 도로법 · 사도법 기타 관계법령의 규정에 의하여 신설 또는 변경에 관한 고시가 된 것
    나. 건축허가 시 시장 또는 군수가 그 위치를 지정한 도로

⑦ 1991년 5월 31일 개정된 건축법 : 제2조 제11호에 따르면, 도로라 함은 보행 및 자동차통행이 가능한 너비 4미터이상의 도로(지형적 조건으로

---

[163] 대법원 판결 93누20023 참조

자동차통행이 불가능한 경우와 막다른 도로의 경우에는 대통령령이 정하는 구조 및 너비의 도로)로서 다음 각목의 1에 해당하는 도로 또는 그 예정도로를 말한다.

　　가. 도시계획법 · 도로법 · 사도법 기타 관계법령에 의하여 신설 또는 변경에 관한 고시가 된 도로
　　나. 건축허가 또는 <u>신고</u> 시 시장 · 군수 · 구청장이 그 위치를 지정한 도로

⑧ 1999년 2월 8일 개정된 건축법 : 제2조 제1항 제11호에 의하면, 도로라 함은 보행 및 자동차통행이 가능한 너비 4미터이상의 도로(지형적 조건으로 자동차통행이 불가능한 경우와 막다른 도로의 경우에는 대통령령이 정하는 구조 및 너비의 도로)로서 다음 각목의 1에 해당하는 도로 또는 그 예정도로를 말한다.

　　가. 도시계획법 · 도로법 · 사도법 기타 관계법령에 의하여 신설 또는 변경에 관한 고시가 된 도로
　　나. 건축허가 또는 신고 시 특별시장 · 광역시장 · 도지사 또는 시장 · 군수 · 구청장이 그 위치를 지정 · <u>공고한</u> 도로

　건축법상 도로에 대한 정의는 이런 법의 제정 및 개정 과정을 거치면서 오늘날에 이르렀다. 그럼 그 많은 도로를 어떻게 관리해 왔을까? 공무원들이 건축법 제정 시부터 오늘날까지 지정된 도로의 현황을 잘 관리해 왔다면 도로를 둘러싼 분쟁이 지금처럼 그렇게 많지는 않았을 것이다. 위 건축법상 도로의 정의가 어떻게 변천되어 왔는지를 이해했다면 이제 국가가 도로를 어떻게 관리해 왔는지 그 연혁을 한번 살펴보는 것도 도로에 대한 분쟁을 이해하고 문제를 해결하는데 도움이 되리라 생각한다.

건축법상 도로 관리의 변천사

우리나라는 지정된 도로를 어떻게 관리해 왔을까? 사실 어떻게 관리해 왔는지가 궁금한 게 아니라 왜 그 모양으로 밖에 관리를 못했을까를 추적 하기 위해서라도 건축법상 도로 관리 연혁을 한번 따져보고 싶었다. 아래에서 살펴보도록 하자.

① 1962년 1월 20일 제정된 건축법 : 제2조 제15호에 의하면, 도로라 함은 폭 4미터 이상의 도로를 말한다. 시장, 군수가 도로의 신설 또는 변경에 관한 <u>계획의 고시</u>를 하였거나 <u>위치의 지정</u>을 한 도로도 또한 같다.

이 조항에 의하면 도로에 관한 계획을 고시하거나 위치를 지정하도록 되어 있는데 어떻게 관리하라는 말은 없다. 고시 또는 지정 대장이라도 만들어 놓았으면 좋았을 걸 하는 아쉬움이 있지만 법에 어떻게 관리하라는 지침이 없는데 공무원들이 알아서 대장을 만들었을 가능성은 적어 보인다. 즉 관리를 안했을 가능성이 많다는 말이다.

② 1981년 10월 8일 개정된 건축법시행령 : 제140조 제1항에 의하면, 건축법 제2조 제15호 나목의 규정에 의하여 시장·군수가 도로를 지정하고자 할 때에는 당해 도로에 대하여 이해관계를 가진 주민의 동의를 얻어야 하며, <u>도로를 지정한 때에는 그 도로의 구간·연장·폭 및 위치를 기재한 도로대장을 작성·비치하여야 한다</u>.

이 조항에 의하면 건축허가 시 시장·군수가 그 위치를 지정한 도로의 경우에는 도로의 구간·연장·폭 및 위치를 기재한 도로대장을 작성·비치하도록 하고 있다. 건축법이 제정된 후 약 19년 만에 처음으로 시장·군수가 지정한 도로를 관리할 필요성을 느낀 듯하다. 하지만 도로대장을 작성·비치하라고 해놓고선 법정 양식을 제공하지 않았다. 따라서 담당 공무원들이 알아서 법적 필수사항이 포함된 도로대장을 만들어 비치했을 것으로 짐작된다.

③ 1994년 5월 28일 개정된 건축법시행령 : 제30조 제1항에 의하면, 건축법 제2조 제11호 나목의 규정에 의하여 시장 등이 도로를 지정하고자 하는 경우에는 당해 도로에 대한 이해관계자의 동의를 얻어야 하며, 도로를 지정한 경우 그 도로의 구간·연장·너비 및 위치를 기재한 <u>건설부령이 정하는 도로대장</u>을 작성·비치하여야 한다.

이제야 비로소 건설부령이 정하는 도로대장이라는 말이 나온다. 즉 법정 표준양식이 나왔다는 말이다. 1994년 7월 21일 건축법시행규칙 개정과 함께 별지 제25호의2 서식으로 도로대장이 비로소 법정화 되었다. 필자의 생각으로는 이때부터 지정된 도로가 정상적으로 관리되기 시작했다고 보는 것이 옳을 것이다. 약 32년 만에 정상적인 관리체제로 들어간 것이다.

④ 1999년 2월 8일 개정된 건축법 : 1999년 5월 9일부터 시행된 건축법 제2조 제1항 제11호에 의하면, 도로라 함은 보행 및 자동차 통행이 가능한 너비 4미터 이상의 도로(지형적 조건으로 자동차통행이 불가능한 경우와 막다른 도로의 경우에는 대통령령이 정하는 구조 및 너비의 도로)로서 다음 각목의 1에 해당하는 도로 또는 그 예정도로를 말한다.

 가. 도시계획법·도로법·사도법 기타 관계법령에 의하여 신설 또는 변경에 관한 고시가 된 도로
 나. 건축허가 또는 건축신고 시 특별시장·광역시장·도지사 또는 시장·군수·구청장이 그 위치를 지정·<u>공고한</u> 도로

그동안 도로 계획에 관한 고시나 지정만 했지 공고를 하도록 되어 있지는 않았는데 이 규정에 의거 비로소 공고를 하도록 했다. 즉 일반인들이나 이해관계자들이 도로의 지정 내용을 확인할 수 있도록 조치한 것이다. 또 이 개정법의 부칙 제4조에서는 기존 도로에 대한 경과조치를 규정하고 있는데 그 내용은 다음과 같다. 즉, 종전의 규정에 의하여 지정된 도로는 건축법 제2조 제1항 제11호 나목의 개정규정에 의하여 지정·공고된 것으로 본다는 내용이다.

이상에서 보다시피 두 번의 경과조치를 통해 건축법상 도로의 개념이 많이 확장되었다고 보면 될 것이며, 이렇게 확장된 도로 개념 및 부실한 도로대장의 관리로 인해 실제 현장업무에서는 여러 가지 문제점들이 파생되고 있는 것으로 보인다.

「건축법」에서 규정한 관계 법령에 따른 도로의 규정

2023년 3월 현재 건축법상 도로의 정의는 다음과 같다. 현행 건축법 제2조 제1항 제11호에 따르면, '도로'란 보행과 자동차 통행이 가능한 너비 4미터 이상의 도로(지형적으로 자동차 통행이 불가능한 경우와 막다른 도로의 경우에는 대통령령으로 정하는 구조와 너비의 도로)로서 다음 각 목 중 어느 하나에 해당하는 도로나 그 예정도로를 말한다.

    가. 「국토의 계획 및 이용에 관한 법률」, 「도로법」, 「사도법」, 그 밖의 관계 법령에 따라 신설 또는 변경에 관한 고시가 된 도로

    나. 건축허가 또는 신고 시에 특별시장·광역시장·특별자치시장·도지사·특별자치도지사(이하 시·도지사라 한다) 또는 시장·군수·구청장(자치구의 구청장을 말한다)이 위치를 지정하여 공고한 도로

이를 다시 세분해서 위 건축법에서 언급한 각 법률에서는 도로를 어떻게 정의하고 있는지를 먼저 살펴보아야 「건축법」상 도로의 정의를 정확히 이해할 수 있을 것으로 판단된다. 도로는 법정도로와 법정도로가 아닌 것으로 나누어볼 수 있을 것이다. 「건축법」, 「국토의 계획 및 이용에 관한 법률」, 「도로법」, 「사도법」, 「농어촌도로정비법」, 「농어촌정비법」에 따른 도로를 법정도로라고 한다면 그 밖의 사도, 사실상의 도로, 관습상 도로 및

현황도로 등은 법정도로가 아닌 것이라고 보아야 할 것이다. 이하에서 「건축법」 이외의 관계 법령에서 규정하고 있는 도로에 관해 살펴보도록 한다.

① 「국토의 계획 및 이용에 관한 법률」상 도로 : 동법 제43조 제2항에 따르면 도시·군계획시설의 결정·구조 및 설치의 기준 등에 필요한 사항은 국토교통부령으로 정하고, 그 세부사항은 국토교통부령으로 정하는 범위에서 시·도의 조례로 정할 수 있다고 규정하고 있으며, 동법 시행령 제2조 제2항 제1호에서는 도로의 종류를 세분해 놓고 있다. 이렇게 세분된 여러 가지 도로 중 우리의 관심사는 건축과 관련된 일반도로에 한한다. 상기 법률의 국토교통부령인 「도시계획시설의 결정·구조 및 설치기준에 관한 규칙」 제9조에서는 도로를 사용 및 형태별, 규모별, 기능별로 구분하고 있으나 여기서는 제9조 제1호 가목의 일반도로만을 살펴본다. 여기서 일반도로란 폭 4미터 이상의 도로로서 통상의 교통소통을 위하여 설치되는 도로를 말한다.

또 상기 법률 시행령 제56조 제1항 관련 별표 1의2 개발행위허가의 기준에 따르면, 원칙적으로 도로·수도 및 하수도가 설치되지 아니한 지역에 대하여는 건축물의 건축을 허가하지 아니하도록 규정하고 있으며, 대지와 도로의 관계는 건축법에 적합하여야 한다고 규정하고 있다.
또 개발행위허가운영지침 제3절을 보면, 차량진출입이 가능한 기존 마을안길, 농로 등에 접속하거나 차량통행이 가능한 도로를 개설하는 경우 등 예외사항이 있긴 하지만 건축물을 건축하거나 공작물을 설치하는 부지는 도시·군계획도로 또는 시·군도, 농어촌도로에 접속하는 것을 원칙으로 하며, 개설(도로확장 포함)하고자 하는 진입도로의 폭은 개발규모(개설 또는 확장하는 도로면적은 제외)가 5천㎡ 미만은 4m 이상, 5천㎡ 이상 3만㎡ 미만은 6m 이상, 3만㎡이상은 8m 이상으로서 개발행위규모에 따른 교통량을 고려하여 적정 폭을 확보하여야 한다고 규정하고 있다.

이상의 규정을 살펴보면 「국토의 계획 및 이용에 관한 법률」상 도로도 「건축법」상의 도로에 대한 원칙과 예외사항들에 대한 시각에 큰 차이가 없음을 알 수 있다.

위 규정들에 대한 법제처의 법령해석 사례를 보면 다음과 같다.

「건축법」 제3조 제2항(면지역에서의 접도의무 비적용)에도 불구하고 「국토의 계획 및 이용에 관한 법률」에 따른 도시지역 및 같은 법 제51조 제3항에 따른 지구단위계획구역 외의 지역으로서 동이나 읍이 아닌 지역에서 건축물의 건축을 위한 개발행위허가를 받는 경우, 같은 법 시행령 별표 1의2 제2호 가목(2)를 적용할 수 있다고 할 것입니다.[164]

사인이 소유·관리하는 도로(「도로법」 제2조 제1항 제1호에 따른 도로[165], 「도로법」의 준용을 받는 도로, 「사도법」에 따른 사도 등 일반인의 교통을 위하여 제공되는 도로는 제외)가 이미 설치되어 있으나 그 도로 소유자의 사용 동의를 받지 못한 경우, 「국토의 계획 및 이용에 관한 법률 시행령」 별표 1의2 제2호 가목(2)를 근거로 건축물의 건축을 허가하지 아니할 수 있다고 할 것이라고 하면서, 이렇게 해석한 이유를 다음과 같이 설명하고 있다.

---

164) 별표 1의2 제2호 가목(2)의 내용은 다음과 같다. 즉, 도로·수도 및 하수도가 설치되지 아니한 지역에 대하여는 건축물의 건축(건축을 목적으로 하는 토지의 형질변경을 포함한다)을 허가하지 아니할 것. 다만, 무질서한 개발을 초래하지 아니하는 범위 안에서 도시·군 계획조례가 정하는 경우에는 그러하지 아니하다.
165) 현행 「도로법」 제2조 제1호를 말한다.

국토계획법 시행령 별표 1의2 제2호 가목(2)에서 건축물의 건축을 위한 개발행위허가의 기준으로서 도로가 설치되어 있을 것을 요구하고 있는바, 이는 해당 건축물의 온전한 사용을 위하여 그 건축물의 진·출입 시 사용될 도로가 반드시 필요하기 때문인 것으로 보이는바, 사인이 소유·관리하는 도로(「도로법」 제2조 제1항 제1호에 따른 도로, 「도로법」의 준용을 받는 도로, 「사도법」에 따른 사도 등 일반인의 교통을 위하여 제공되는 도로는 제외)가 이미 설치되어 있다고 하더라도 그 도로를 소유·관리하는 사인이 도로의 사용을 허락하지 않는다면 그 도로를 해당 건축물의 진·출입을 위하여 사용할 수 없는 것이고, 이러한 경우라면 기반시설인 도로가 설치되지 아니하여 해당 건축물을 온전히 사용할 수 없는 경우와 마찬가지로 건축물의 건축을 위한 개발행위허가의 기준에 적합하지 않는 것으로 보아야 할 것이다.

또한, 국토계획법 제57조 제1항에서는 개발행위를 하려는 자는 그 개발행위에 따른 기반시설의 설치나 그에 필요한 용지의 확보 등에 관한 계획서를 첨부한 신청서를 개발행위허가권자에게 제출하여야 한다고 규정하고 있고, 같은 법 시행령 별표 1의2 제1호 마목(1)에서 "주변의 교통소통에 지장을 초래하지 아니할 것"을 규정하고 있는바, 국토계획법에 따라 건축물의 건축에 관한 개발행위허가를 받기 위해서는 사인이 소유·관리하는 도로가 이미 설치되어 있을 뿐 아니라, 그 도로 소유자의 사용 동의를 받는 등의 방법을 통해 기반시설인 그 도로를 사용할 수 있게 하여 주변의 교통소통에 지장을 초래하는 않도록 하여야 할 것으로 보입니다. 따라서 사인이 소유·관리하는 도로가 이미 설치되어 있으나 그 도로 소유자의 사용 동의를 받지 못한 경우, 국토계획법 시행령 별표 1의2 제2호 가목(2)를 근거로 건축물의 건축을 허가하지 아니할 수 있다고 할 것이다.[166]

다시 정리하면, 면지역의 경우 건축법상으로는 2미터 이상의 도로에 접하지 않아도 건축이 가능토록 되어 있긴 하나, 진입도로가 없거나 있더라도 개인이 소유·관리하는 도로라면 토지사용승낙을 받아야 하며, 승낙을 받지 못할 경우엔 건축허가를 받을 수 없다는 말이다.

② 「도로법」상의 도로 : 도로법 제10조에서는 도로의 종류를 고속국도, 일반국도, 특별시도(特別市道)·광역시도(廣域市道), 지방도, 시도, 군도 및 구도로 나누고 있으며, 이들 도로에 대해서는 도로노선을 지정·고시하도록 하고 있고, 해당 도로관리청은 소관 도로에 대한 도로대장을 작성하여 보관하도록 하고 있다. 한편 「도로법 시행규칙」인 「도로의 구조·시설기준에 관한 규칙」에 따르면 도로는 고속도로 및 일반도로로 구분하며, 일반도로란 「도로법」에 따른 도로(고속도로는 제외)로서 그 기능에 따라 주간선도로, 보조간선도로, 집산도로 및 국지도로로 구분되는 도로를 말한다.

③ 「사도법」상의 도로 : 사도법상 사도라 함은 다음 각 호의 도로가 아닌 것으로서 그 도로에 연결되는 길을 말한다. 다만 제3호 및 제4호의 도로는 「도로법」 제50조에 따라 시도(市道) 또는 군도(郡道) 이상에 적용되는 도로 구조를 갖춘 도로에 한정한다.
  1. 「도로법」 제2조 제1호에 따른 도로
  2. 「도로법」의 준용을 받는 도로
  3. 「농어촌도로정비법」 제2조 제1항에 따른 농어촌도로
  4. 「농어촌정비법」에 따라 설치된 도로

---

166) 법제처 법령해석사례 안건번호 13-0363 참조

사도를 개설·개축(改築)·증축(增築) 또는 변경하려는 자는 특별자치시장, 특별자치도지사 또는 시장·군수·구청장(구청장은 자치구의 구청장을 말하며, 이하 "시장·군수·구청장"이라 한다)의 허가를 받아야 하며, 시장·군수·구청장은 사도의 개설 등을 허가를 하였을 때에는 지체 없이 그 내용을 공보에 고시하고, 국토교통부령으로 정하는 바에 따라 사도 관리대장에 그 내용을 기록하고 보관하여야 한다.[167]

사도의 구조는 「농어촌도로정비법」에 따른 면도(面道) 또는 이도(里道)의 기준에 따른다. 다만, 통행에 지장을 주지 아니하는 범위에서 국토교통부령으로 정하는 바에 따라 그 기준을 완화할 수 있다. 사도개설자는 그 사도에서 일반인의 통행을 제한하거나 금지할 수 없으며, 특정사유로[168] 일반인의 통행을 제한하거나 금지하려면 시장·군수·구청장의 허가를 받아야 하며 해당 사도의 입구에 그 기간과 이유를 분명하게 밝힌 표지를 설치하여야 한다. 또 사도개설자는 그 사도를 이용하는 자로부터 사용료를 받을 수 있으나 이 경우에도 사도를 유지 또는 관리하는 데 드는 비용을 증명하는 서류와 사도개설자 외의 다른 사용자가 해당 사도를 사용함에 따라 부담하여야 한다고 인정되는 비용을 사용료로 산정한 증명 자료를 첨부하여 미리 시장·군수·구청장의 허가를 받아야 한다.

④ 「농어촌도로정비법」상 도로 : 농어촌도로란 「도로법」에 규정되지 아니한 도로(읍 또는 면지역의 도로만 해당)로서 농어촌지역 주민의 교통편익과 생산·유통활동 등에 공용(共用)되는 공로(公路) 중 동법 제4조 및 제6조에 따라 고시된 도로를 말하며, 면도(面道), 이도(里道) 및 농도(農

---

167) 사도관리대장에 기록되는 자세한 내용은 「사도법 시행규칙」 별표서식2 참조
168) 「사도법」 제9조 제1항 참조

道)로 구분된다.[169] 농어촌도로의 정비는 원칙적으로 군수가 행하며, 군수 외의 자가 도로를 정비하려면 도로정비허가신청서에 사업계획서를 첨부하여 군수의 허가를 받고 이를 공고하여야 한다.

군수는 시도(도농복합형태의 시의 시도(市道), 특별자치시의 시도 및 「제주특별자치도 설치 및 국제자유도시 조성을 위한 특별법」 제10조 제2항에 따른 행정시의 시도를 말함)·군도 이상의 도로를 중심으로 관할 구역의 도로에 대한 장기개발 방향의 지침이 될 도로기본계획을 수립해야 하며, 이 기본계획에 따라 5년마다 도로의 정비계획을 수립하여야 한다. 정비계획을 수립한 경우 도로정비계획의 수립에 관한 공고를 하여야 한다. 군수는 이 정비계획에 따라 다음 해의 도로 사업계획을 매년 10월 31일까지 수립하여야 하며, 사업계획이 확정된 도로에 대하여는 그 노선을 지정하여야 하고, 노선을 지정한 경우에는 그 사실을 공고하고 일반인에게 열람하게 하여야 함과 동시에 도로대장을 작성하여 보관해야 한다.[170]

이와 관련한 법제처의 법령해석 사례를 보면, 어떠한 현황도로가 「농어촌도로정비법」 제4조 제1항의 면도·이도·농도 중 하나로서 동법 상 농어촌도로로 개설되었다고 볼 수 있는지 여부와 관련하여, 「농어촌도로정비법」 제2조 제1항에 의하면 농어촌도로라 함은 「도로법」에 규정되지 아니한 도로(읍 또는 면 지역안의 도로에 한함)로서 농어촌지역 주민의 교통편익과 생산·유통활동 등에 공용되는 공로 중 제4조에 열거되고 제6조의 규정에 의하여 고시된 도로를 말한다고만 규정하고 있고, 사인 소유의 토지를 사용·수익할 사법상의 권리를 취득하였는지 여부 또는 적법한 보

---

169) 면도, 이도 및 농도에 대한 정의는 「농어촌도로정비법」 제4조 제2항 참조
170) 도로대장은 「농어촌도로정비법 시행규칙」 제10조 관련 별지 제14호 서식 참조

상을 하였는지 여부를 그 요건으로 규정하고 있지 아니하다.

「농어촌도로정비법」상 농어촌도로로 개설이 되었다고 볼 수 있기 위해서는 동법 제2조 제1항의 규정 외에 적어도 동법에서 규정하고 있는 도로기본계획의 수립·공고(제6조 제1항, 제5항), 도로정비계획의 수립·공고(제7조 제1항, 제3항), 도로사업계획의 수립·확정(동법 제8조 제1항)의 절차를 거쳐 농어촌도로로 노선지정·공고가 있는 때부터 「농어촌도로정비법」상 농어촌도로로 개설이 되었다고 볼 수 있다고 할 것이고, 토지소유자와의 사이에 있어서 당해 토지를 사용·수익할 사법상의 권원을 취득하였는지 여부는 농어촌도로로서의 효력이 발생하였는가에 직접적인 영향을 미치지 않는다고 할 것이다.[171]

상기 법제처의 해석을 요약해 보면, 읍 또는 면지역에서 농어촌도로정비법에 따라 노선지정 및 공고가 된 도로는 비록 그 도로의 부지를 개인이 소유하고 있다고 해도 건축법 제2조 제1항 제11호에서 말하는 도로라고 볼 수 있으며, 이 도로를 통해 주택으로의 진출입이 가능하다면 건축허가를 받는데 하등의 문제가 없을 것으로 보인다. 노선 지정 및 공고가 되었는지 여부는 해당 군에서 관리하고 있는 도로대장을 통해 확인할 수 있을 것으로 판단된다.

⑤ 「농어촌정비법」상 도로 : 농어촌정비법 제105조 제2항에 따르면 농어촌정비사업의 계획을 고시하였을 때에는 관계 법률에 따른 인·허가 등의 고시 또는 공고를 한 것으로 본다고 규정하고 있으며 관계 법률의 범주에 「국토의 계획 및 이용에 관한 법률」, 「도로법」 및 「사도법」에 의한 도로의 개설을 포함하고 있으므로 농어촌정비법에 따라 개설된 도로도 건축법

---

171) 법제처 법령해석사례 안건번호 06-0380 참조

제2조 제1항 제11호에 규정된 도로라고 보는 것이 타당할 것이다.

　이상 5가지 법률에서 규정하는 도로도 「건축법」 제2조 제1항 제11호 가목에서 규정하고 있는 도로이다. 따라서 대지가 이들 도로에 2미터 이상 접하고 있거나, 면지역의 경우엔 이들 도로를 통해 주택의 진출입에 문제만 없다면 건축허가를 받는데 문제가 없을 것으로 보인다. 위에서 언급한 법률들의 도로 관련 규정들을 보다보면 서로 정확히 일치하지 않는 것처럼 보일 수도 있고, 또 도로의 너비와 관련해서 「건축법」을 제외하고는 대부분 도로의 너비가 4미터 이상이어야 한다는 명문 규정이 없어 너비 4미터 미만의 법정도로도 존재하는 것 아닌가라는 의문이 있을 수 있다. 하지만 1975년 12월 31일 이전에는 4미터 미만의 법정도로가 있을 수 있으나 그 이후에는 「건축법」 및 관계 법률에서 규정한 특수한 경우를 제외하고는 4미터 미만의 법정도로는 없다고 보아야 옳을 것이다.

　이제 「건축법」에서 규정하는 도로에 관한 사항을 자세히 살펴보도록 한다.

「건축법」상 도로

통상 토지를 매입하는 목적은 건축물을 지어 자신의 목적대로 사용하고자 함에 있다. 하지만 법의 규정에 따르면 모든 건축물은 그 대지가 자동차 및 사람이 통행할 수 있는 도로에 일정 길이 이상 접하지 않으면 건축할 수 없다. 왜냐하면 「건축법」 제44조 제1항에 건축물의 대지는 2미터 이상이 도로(자동차만의 통행에 사용되는 도로는 제외)에 접하여야 한다고 규정하고 있기 때문이다. 「건축법」 제44조 제1항에서 건축물 대지의 접도의무를 규정한 취지는, 건축물의 이용자로 하여금 교통·피난·방화·위생상 안전한 상태를 유지·보존하게 하기 위하여 건축물의 대지와 도로와의 관계를 특별히 규제하여 도로에 접하지 아니하는 토지에는 건축물을 건축하는 행위를 허용하지 않으려는 것이다. 이 규정은 도시지역과 지구단위계획구역에서는 필수적으로 적용된다.[172]

따라서 도시지역이나 지구단위계획구역에서 토지를 매입할 때에는 반드시 현장에 나가 4미터 이상의 도로가 매입하고자 하는 토지에 2미터 이상 접해 있는지, 이 도로가 도로로 고시 또는 공고된 것인지를 확인하여야

---

172) 건축법 제3조 제2항 참조
173) 해당 토지에 대해 토지이용계획확인서에서 참조할 수 있는 것은 지목, 면적, 개별공시지가, 지역지구 등 지정여부, 토지이용규제기본법 시행령 제9조 제4항 각호에 해당되는 사항, 지형도면 및 지역지구 등 안에서의 행위제한에 관한 사항이다. 해당 지번만 알면 누구나 인터넷 사이트에 접속하여 찾아 볼 수 있다. 사이트는 http://luris.molit.go.kr/web/-index.jsp이다.

하고, 또 그 도로가 '토지이용계획 확인서' 상[173] 지목이 도로로 표기되어 있는지를 확인하여야 한다. 참고로 건축법상 도로로 지정되었다고 하더라도 지적 분할 및 지목변경이 의무사항은 아니므로[174] 지목보다는 도로대장 등재 여부를 먼저 확인해 보는 것이 좋으리라 생각한다. 검토 결과 매입할 토지가 이러한 도로에 접해 있지 않은 맹지라면 맹지를 탈출할 수 있는 방법[175], 예를 들면 인접 토지를 매입한다거나 구거나 하천 점용허가를 받아 진입도로를 개설할 수 있는지 등을 반드시 검토한 후 매입하여야 할 것이다. 건축허가를 받을 수 있는 도로에 관한 규정이 매우 복잡하여 일반인이 이해하기 어려운 점들이 있으나 다음과 같이 나누어 살펴보면 조금은 이해하기 쉬우리라 생각한다.

반드시 너비 4미터 이상이어야 되는 「건축법」상의 도로

① 건축법 제2조 제1항 제11호에 따르면, '도로'란 보행과 자동차 통행이 가능한 너비 4미터 이상의 도로(지형적으로 자동차 통행이 불가능한 경우와 막다른 도로의 경우에는 대통령령으로 정하는 구조와 너비의 도로)로서 다음 각목 중 어느 하나에 해당하는 도로나 그 예정도로를 말한다.
　가. 「국토의 계획 및 이용에 관한 법률」, 「도로법」, 「사도법」, 그 밖의
　　 관계 법령에 따라 신설 또는 변경에 관한 고시가 된 도로
　나. 건축허가 또는 신고 시에 특별시장·광역시장·특별자치시장·도
　　 지사·특별자치도지사(이하 "시·도지사"라 한다) 또는 시장·군

---
174) 국토교통부, 건축행정길라잡이(2013.12.), p.331 참조
175) 맹지를 탈출할 수 있는 방법에 대해서는 여러 참고서적들이 있겠지만 필자는 단행본으로 [조남성 외, 도로인가? 맹지인가?, 도서출판 파워에셋, 2018년]과 [서영창, 건축과 도로, 도서출판 맑은샘, 2017년]을 주로 참고하였다.

수 · 구청장(자치구의 구청장을 말한다. 이하 같다)이 위치를 지정하여 공고한 도로

② 건축법 제45조에 따르면, 허가권자는 건축법 제2조 제1항 제11호 나목에 따라 도로의 위치를 지정 · 공고하려면 국토교통부령으로 정하는 바에 띠라 그 도로에 내한 이해관계인의 동의를 받아야 한다. 다만, 다음 각호의 어느 하나에 해당하면 이해관계인의 동의를 받지 아니하고 건축위원회의 심의를 거쳐 도로를 지정할 수 있다.

   1. 허가권자가 이해관계인이 해외에 거주하는 등의 사유로 이해관계인의 동의를 받기가 곤란하다고 인정하는 경우
   2. 주민이 오랫동안 통행로로 이용하고 있는 사실상의 통로로서 해당 지방자치단체의 조례로 정하는 것인 경우

이 규정에 따라 지정 · 공고된 도로의 폭도 반드시 4미터 이상이어야 한다. 허가권자는 지정한 도로를 폐지하거나 변경하려면 그 도로에 대한 이해관계인의 동의를 받아야 한다. 그 도로에 편입된 토지의 소유자, 건축주 등이 허가권자에게 지정된 도로의 폐지나 변경을 신청하는 경우에도 또한 같다. 또 허가권자는 도로를 지정하거나 변경하면 국토교통부령으로 정하는 바에 따라 도로관리대장에 이를 적어서 관리하여야 한다.

③ 건축법 제45조 제1항 제2호에 따른 사실상의 통로라 함은 다음 각호의 도로를 말한다.[176]

   1. 복개된 하천 · 구거

---

[176] 전라남도 곡성군의 건축조례 제24조 참조. 여기서는 곡성군의 예를 들었지만 지자체마다 건축조례의 규정이 다르므로 반드시 토지매입 전에 토지가 소재하는 해당 지자체의 건축조례를 확인하기 바란다.

2. 제방도로

3. 3호 이상이 도로로 이용하는 통로

4. 군에서 포장도로로 시설한 통로

5. 사실상 주민이 사용하고 있는 통로를 이용하여 건축허가(신고)된 사실이 있는 통로

6. 그 밖에 위원회의 심의를 거쳐 인정한 통로

　이러한 사실상의 통로인 도로의 경우에도 도로의 위치를 지정하여 공고하면 건축법상 도로이며, 반드시 그 너비가 4미터 이상이어야 함은 물론이다.[177]

　여기서 주의할 것이 있다. 법제처 법령해석사례를 보면, 토지의 지목이 도로이고 사실상 도로로 사용되는 토지에 해당하더라도, 「건축법」 제2조 제1항 제11호에 따른 도로에 대한 정의 규정에 부합하는 경우가 아니면, 해당 토지가 주민이 오랫동안 통행로로 이용하고 있는 사실상 통로로서 해당 지방자치단체의 조례로 정하는 경우에 해당하여 건축법 제2조 제1항 제11호 나목 및 제45조 제1항 제2호에 따라 이해관계인의 동의를 받지 아니하고 건축위원회의 심의를 거쳐 도로를 지정할 수 있는 대상이 되는지 여부는 따져봐야 하지만 「건축법」상의 '도로'에는 해당하지 않는바, 건축법 제44조에 따라 건축물의 대지가 접하여야 하는 '도로'에도 포함되지 않는다고 보고 있으며 따라서 「건축법」 제2조 제1항 제11호에 따른 '도로' 외에 '지목이 도로이고 사실상 도로로 사용되는 토지'는 같은 법 제44조에 따른 건축물의 대지가 접하여야 하는 '도로'에 포함되지 않는다.[178]

---

177) 법제처 법령해석사례 안건번호 19-0541 참조
178) 법제처 법력해석사례 안건번호 16-0162 참조

너비 4미터 이상이 아니어도 되는 「건축법」 상의 도로

① 건축법 시행령 제3조의3의 규정을 보면 다음과 같다. 건축법 제2조 제1항 제11호 각목 외의 부분에서 "대통령령으로 정하는 구조와 너비의 도로"란 다음 긱 호의 어느 하나에 해당하는 도로를 말한다고 하면서, 지형적 조건을 고려한 도로의 너비와 막다른 도로의 도로 너비를 규정하고 있다.

1. 특별자치시장·특별자치도지사 또는 시장·군수·구청장이 지형적 조건으로 인하여 차량 통행을 위한 도로의 설치가 곤란하다고 인정하여 그 위치를 지정·공고하는 구간의 너비 3미터 이상(길이가 10미터 미만인 막다른 도로인 경우에는 너비 2미터 이상)인 도로
2. 제1호에 해당하지 아니하는 막다른 도로로서 그 도로의 너비가 그 길이에 따라 각각 다음 표에 정하는 기준 이상인 도로

막다른 도로의 길이	도로의 너비
10미터 미만	2미터
10미터 이상 35미터 미만	3미터
35미터 이상	6미터(도시지역이 아닌 읍·면 지역은 4미터)

이러한 막다른 도로에 관한 규정이 존재하는 이유는 화재 시 소방차의 진출입과 관련이 있어 보인다. 「옥외소화전설비의 화재안전기준」 제6조 제1항을 보면 옥외소화전은 호스의 구경이 65㎜이어야 하며 소화전으로부터 소방 대상물까지의 수평거리가 40m 이하가 되도록 설치하여야 한다고 규정되어 있다. 즉, 막다른 도로의 길이가 35m 이상일 경우 유효한 화재 진압을 위해서는 소방차가 직접 골목 안으로 진입해야 하기 때문에 도로의 너비가 6미터 이상이어야 하지 않을까 생각된다.

혹자는 소방차의 호스 길이가 35m여서 이런 막다른 도로에 관한 규정이 존재한다고도 하나 크게 신빙성은 없어 보인다. 국토교통부의 해설에 따르면 막다른 도로의 길이에 따라 도로의 폭을 다르게 적용토록 한 것은 재난구조, 화재진압 등의 활동에 필요한 공간을 확보하는 것이 중요하므로 막다른 도로의 길이가 35미터를 넘는 경우의 너비 6미터에 대한 기준은 소방차 등 긴급차량 2대가 교차하여 재난구조 활동에 지장이 없는 최소한의 너비기준이 될 것이기 때문이라고 하고 있다.[179]

② 건축법 제5조의 규정을 보면, 건축주 등은 업무를 수행할 때 건축법을 적용하는 것이 매우 불합리하다고 인정되는 대지나 건축물로서 대통령령으로 정하는 것에 대하여는 이 법의 기준을 완화하여 적용할 것을 허가권자에게 요청할 수 있으며, 이런 요청을 받은 허가권자는 건축위원회의 심의를 거쳐 완화 여부와 적용 범위를 결정하고 그 결과를 신청인에게 알려야 한다고 규정하고, 이러한 요청 및 이에 따른 결정의 절차와 그 밖에 필요한 사항은 해당 지방자치단체의 조례로 정하도록 하고 있다.

건축법 시행령 제6조 제1항 7의2호를 보면, 「국토의 계획 및 이용에 관한 법률」에 따른 도시지역 및 지구단위계획구역 외의 지역 중 동이나 읍에 해당하는 지역에 건축하는 건축물로서 건축조례로 정하는 건축물인 경우에는 건축법 제2조 제1항 제11호 및 제44조에 따른 기준을 완화할 수 있도록 되어 있다.

참고로 충청북도 청주시 건축조례 제16조 제3항을 보면, 건축법 시행령 제6조 제1항 제7의2호에 따라 '건축조례로 정하는 건축물'이란 너비 3미터 이상으로 포장된 현황도로에 접한 대지에 건축하는 경우로서 다음 각 호의 어느 하나에 해당하는 건축물을 말한다고 규정하면서 단독주택으

---

[179] 국토교통부, 건축행정길라잡이(2013.12.), p.332 참조

로 연면적 합계 200제곱미터 이하인 경우, 축사, 작물재배사 및 농어업용 창고로서 연면적 합계가 2,000제곱미터 미만인 경우 및 기존 건축물의 증축(주차장 설치대상은 제외)·개축·재축을 들고 있으며 이들에 대해서는 건축법 제2조 제1항 제11호 및 제44조에 따른 기준을 완화할 수 있도록 되어 있다. 통상 지자체미다 3미터 이상으로 규정하고 있으나 이와 다른 경우도 있을 수 있으므로 필요시 해당 지자체 건축조례를 확인하기 바란다.

반드시 너비 6미터 이상이어야 되는 「건축법」 상의 도로

건축법 시행령 제28조 제2항에 따르면, 건축법 제44조 제2항에 따라 연면적의 합계가 2천 제곱미터(공장인 경우에는 3천 제곱미터) 이상인 건축물(축사, 작물 재배사, 그 밖에 이와 비슷한 건축물로서 건축조례로 정하는 규모의 건축물은 제외)의 대지는 너비 6미터 이상의 도로에 4미터 이상 접하여야 한다.

만약 건축법 제44조 제1항 단서 규정에서 보는 바와 같이 2천 제곱미터 이상인 건축물이긴 하나 건축법 상 도로가 아닌 다른 현황도로가 있어서 해당 건축물의 출입에 지장이 없다고 인정되는 경우에는 어떻게 될까. 이와 관련된 법제처 유권해석을 보면, 「건축법 시행령」 제28조 제2항에 따른 강화된 접도의무를 위반한 토지에 대해서는 건축물을 건축하는 행위가 예외 없이 허용되지 않는다고 보아야 할 것이므로, 연면적의 합계가 2천 제곱미터 이상인 건축물의 출입에 지장이 없는 경우라고 하더라도 그 건축물의 대지는 「건축법 시행령」 제28조 제2항 따라 너비 6미터 이상인 도로에 반드시 접해야 하고, 이러한 경우 「건축법」 제44조 제1항 제1호가 적용되어 강화된 접도의무가 면제될 수는 없다고 해석하고 있다.[180]

도로에 접하지 아니하여도 되는 경우

① 건축법 제3조 제2항에 따르면, 「국토의 계획 및 이용에 관한 법률」에 따른 도시지역 및 같은 법 제51조 제3항에 따른 지구단위계획구역 외의 지역으로서 동이나 읍(동이나 읍에 속하는 섬의 경우에는 인구가 500명 이상인 경우만 해당)이 아닌 지역은 건축법 제44조부터 제47조까지, 제51조 및 제57조를 적용하지 아니한다고 규정하고 있다. 법제처 유권해석을 보면, 이들 규정에서 "적용하지 아니 한다"는 것은 건축물의 대지가 도로에 접하지 아니하여도 된다는 의미라고 해석하고 있다.[181] 따라서 비도시지역 중 면지역에서는 대지가 건축법상 도로에 접하지 아니하여도 건축허가가 가능할 것이다. 이 규정이 비도시 면지역에 대해서는 건축 허가나 신고 시에 해당 건축물의 출입 등에 필요한 도로의 위치를 지정하지 않더라도 건축물을 건축할 수 있도록 하려는 취지이기 때문이다.[182]

② 건축법 제44조 제1항에 따르면, 건축물의 대지는 2미터 이상이 도로(자동차만의 통행에 사용되는 도로는 제외)에 접하여야 한다. 다만, 다음 각 호의 어느 하나에 해당하면 그러하지 아니하다고 규정하면서,
  1. 해당 건축물의 출입에 지장이 없다고 인정되는 경우
  2. 건축물의 주변에 대통령령으로 정하는 공지가 있는 경우
  3. 「농지법」 제2조 제1호 나목에 따른 농막을 건축하는 경우를 들고 있다.

여기서 "대통령령으로 정하는 공지"란 광장, 공원, 유원지, 그 밖에 관

---

180) 법제처 법령해석사례 인건번호 16-0229 참조
181) 법제처 법령해석사례 안건번호 12-0559 참조
182) 법제처 법령해석사례 안건번호 17-0651 참조

계 법령에 따라 건축이 금지되고 공중의 통행에 지장이 없는 공지로서 허가권자가 인정한 것을 말한다. 이들에 해당하는 경우에는 역시 건축법상 도로에 접하지 아니하여도 건축허가가 가능함은 물론이다.[183]

주의할 점은 위에서 언급한 1과 2의 사항은 어느 경우에나 대지로의 출입에는 지장이 없어야 한다는 점이다.

대지가 예정도로와 접한 경우 건축허가 가능여부

예정도로는 통상 토지이용계획확인서에 첨부된 도면에 붉은 선으로 표시되어 있는 부분이다. 관계법령에 따라 신설 또는 변경에 관한 고시가 되었으나, 아직 개설이 되지 아니한 도로의 경우라도 건축법 제2조 제1항 제11호에 따라 건축허가 요건에는 부합하므로 건축허가는 가능할 것으로 보이나 해당 대지로의 출입에 지장에 없는 등 건축법 제44조의 규정에 따른 기능에 부합하는지의 여부는 별도로 검토하여야 할 것이다. 즉, 건축물을 다 지었음에도 불구하고 예정도로가 아직 개설되지 않아 건축물에 출입을 할 수 없다면 건축물의 사용승인을 받을 수 없을 것이기 때문이다.

참고로 도로의 폭은 어디서 어디까지를 말하는가에 대해 궁금한 독자가 있을 것이다. 이에 관해 법제처의 법령해석사례 안건번호 08-0207, 16-0525, 16-0635 등에 의하면 도로란 일반인의 보행 또는 차량운행에 필요한 일정한 설비 또는 형태를 갖추어 이용되는 토지를 총칭하는 것으로서 차도, 길어깨, 길가장자리구역, 중앙분리대, 길도랑 등 교통소통의 주된 용도에 필요한 부분들로 구성되어 있으며 이들을 모두 합친 것이 도로의 폭이다.

---
183) 법제처 법령해석사례 안건번호 12-0559 참조

일반적으로 모든 길이 다 도로라고 생각하기 쉬우나 그렇지 않다. 위에서 이미 살펴보았지만 건축법 및 건축법 시행령의 규정에 부합하지 않는 도로는 현황도로일 뿐이다. '도로'가 무엇인가에 대해서는「건축법」제2조 제1항 제11호에 규정되어 있다. 즉, 보행과 자동차 통행이 가능한 너비 4미터 이상의 도로(지형적으로 자동차 통행이 불가능한 경우와 막다른 도로의 경우에는 대통령령으로 정하는 구조와 너비의 도로)로서 고시 또는 공고된 도로나 그 예정도로를 말한다. 따라서 자동차전용도로나 자전거전용도로, 보행자전용도로처럼 사람만 통행이 가능하거나 자동차 또는 자전거만 통행할 수 있는 도로는「도로법」상으로는 도로일지라도 적어도「건축법」상으로는 도로라고 말할 수 없다.

대지가 도로에 접해도 건축허가가 불가능한 경우

토지가 도로에 접해야 건축을 할 수 있지만 도로에 접한 토지라고 해서 모든 땅에 건축을 할 수 있는 것은 아니다.「도로와 다른 시설의 연결에 관한 규칙」제6조에 따르면 일반국도의 도로관리청이 지방자치단체장이 아닌 국토교통부장관인 경우 도로 곡선반지름이 280미터(2차로 도로의 경우에는 140미터) 미만이거나 도로의 종단(縱斷) 기울기가 평지는 6퍼센트, 산지는 9퍼센트를 초과하는 구간 등의 경우에는 도로의 차량 진행 방향의 우측에 다른 시설을 연결하려고 할 경우에 연결허가를 금지하도록 되어 있으며, 이러한 규정에 의거하여 도로와 해당 토지를 연결하지 못할 경우 맹지와 다름없다는 점을 명심해야 한다. 도로가 접해 있다고 항상 건축이 가능한 것은 아니라는 점을 눈여겨보아야 보다 할 것이다. 더 자세한 사항에 대해서는 위에 언급된 규칙을 참조하면 될 것이다.

접도구역과 녹지(완충녹지, 경관녹지, 연결녹지) 설치지역

① 「도로법」 제40조에 의하면 도로관리청은 도로 구조의 파손 방지, 미관의 훼손 또는 교통에 대한 위험 방지를 위하여 필요하면 소관 도로의 경계선에서 20미터(고속국도의 경우 50미터)를 초과하지 아니하는 범위에서 대통령령으로 정하는 바에 따라 접도구역을 지정할 수 있으며, 누구든지 접도구역에서는 토지의 형질을 변경하는 행위나 건축물, 그 밖의 공작물을 신축·개축 또는 증축하는 행위를 할 수 없다. 다만 「도로법 시행령」 제39조 제3항에 따라 주차장, 진입도로, 용수로·배수로 등을 설치할 수 있을 뿐이다. 즉 접도구역에서는 대지가 도로에 접한다고 할지라도 건축을 할 수는 없고 진입도로나 배수로 정도를 개설할 수 있을 뿐이다. 결과 건축선이 접도구역 바깥선과 대지와의 경계선이 될 것이므로 대지 소유자 입장에서는 건축물을 건축할 때 상당한 손해를 볼 수밖에 없다. 주의할 점은 이 접도구역 규정은 도시지역에서는 적용되지 않는다는 점이다.[184]

② 「도시공원 및 녹지 등에 관한 법률」 제35조에 의하면 녹지는 완충녹지, 경관녹지, 연결녹지로 구분된다. 문제는 이들 녹지와 접해 있는 대지에 건축이 가능한가이다. 즉 이들 녹지를 통과해서 진입도로를 낼 수 있느냐가 문제가 될 수 있다.

위 법 제38조에 따르면 녹지를 점용하려는 자는 그 녹지를 관리하는 지자체장의 점용허가를 받아야 한다. 허가신청을 받은 지자체장은 그 점용이 녹지의 설치목적을 저해하지 아니하고, 그 조성 및 유지·관리에 지장을 주지 아니하는 범위에서 이를 허가할 수 있으며 점용허가를 받아 녹지

---

184) 「국토의 계획 및 이용에 관한 법률」 제83조 제1호 참조

를 점용할 수 있는 대상 및 점용기준은 대통령령으로 정한다고 규정하고 있다. 위 법 시행령 제43조에서는 녹지의 점용허가 대상을 규정하고 있으며, 점용허가 대상 중 하나로 시행령 제43조 제3호에 녹지를 가로지르는 진입도로의 설치가 명시되어 있다.

그러나 「도시공원·녹지의 점용허가에 관한 지침」 제4조 제2항 제2호 가목을 보면 건축법상 도로로 사용하기 위하여 점용하고자 하는 경우에는 이를 허가할 수 없다고 명시되어 있고 예외적으로 자목에서는 녹지의 결정으로 인하여 「공간정보의 구축 및 관리 등에 관한 법률」에 따른 지목이 대인 토지가 맹지가 된 경우에는 토지의 현지여건을 고려하여 이면도로를 계획한 후 점용허가를 하거나 도시공원 및 녹지 등에 관한 법률 시행령 제22조 제3호에 따라 도로로 점용 허가를 하도록 되어 있다. 실무상으로도 경관녹지에 진입도로의 설치가 가능하냐는 질의에 「도시공원 및 녹지 등에 관한 법률 시행령」 제43조 제3호 및 「도시공원·녹지의 점용허가에 관한 지침」 제4조 제2항 제2호의 기준에 따라 건축법상 도로로 사용하기 위하여 점용하고자 하는 경우에는 이를 허가할 수 없다고 답변하고 있다.[185] 이상에서 보듯이 대지에 접하여 녹지가 있는 경우에는 지자체의 판단에 따라 진입도로 개설이 불가능할 수도 있으며, 이럴 경우 맹지와 다름없다는 점을 유의해야 한다.

여기서 한 가지 주목할 점은 완충녹지를 가로지르는 진입도로의 개설이 불가하다며 개발행위 불허가 및 건축신고 반려 처분을 한 사례에서 법원은 완충녹지를 가로지르고 있는 이 사건 진입도로는 이미 완충녹지로 지정되기 전부터 현재까지 도로로서 사용되고 있는 곳이므로 원고가 완충

---

185) 충청남도 도민상담실 자료 참조(인터넷에서 '경관녹지 내 도로'라고 입력하면 나오는 자료를 인용하였으나 충청남도 홈페이지에서는 무슨 일인지 몰라도 검색이 안 되고 있다). 청주지방법원 판결 2006구합1611 참조

녹지 안에 별도로 진입도로를 '설치'할 필요가 있는 것도 아니며, 이와 같이 완충녹지에 이미 형성되어 있는 도로를 '이용'하고자 하는 경우까지 위 규정에 의한 점용허가를 받아야 하는 것은 아니라고 해석하고 있다는 점이다.[186]

즉 현황도로가 이미 있는 상태에서 완충녹지 등이 조성된 경우에는 별도의 점용허가 없이도 이를 진입도로로 사용할 수 있다는 점이다.

이상이 건축법과 관계 법령에서 도로에 관해 규정한 내용들이다. 어떤 대지에 건축허가를 받기 위해서는 건축법상 너비 4미터 이상의 도로에 2미터 이상 접해야 함은 이미 설명한 바와 같다. 또 건축법의 연혁에서 이미 살펴보았듯이 1994년 7월 21일 이전까지는 도로의 위치를 지정하고 고시하였을 뿐 법정된 도로대장이 없었다. 1994년 7월 21일 이후에야 비로소 법정 도로대장이 생겼으며, 1999년 5월 9일에 이르러서야 도로의 위치를 지정·고시하고 그 내용을 공고토록 했다. 건축법상 도로와 관련하여 실무에서 주로 문제가 되는 건축법 제2조 제1항 제11호 나목에 규정된 것으로, 1999년 5월 9일 이전 건축허가 또는 신고 시 특별시장·광역시장·도지사 또는 시장·군수·구청장이 그 위치를 지정한 도로의 경우, 도로 지정 여부를 어떻게 확인할 수 있는지에 관한 문제이다. 공무원들의 입장에서 한번 생각해 보자. 누군가 찾아와 어느 지역에 토지를 매입하여 건축허가를 받으려고 하는데 25년 이전에 뭐가 어떻게 되었고 거기에 대한 기록이 있느냐고 물으면 뭐라고 답할까. 지금이야 전산 상으로 거의 모든 자료들을 검색할 수 있으니 간단한 일이겠지만 혹여 25년 이전 자료가 있다고 할지라도 전산화 되어 있지 않다면 일일이 수작업으로 찾을 수밖

---

186) 청주지방법원 판결 2006구합1611 참조

에 없을 터인데 찾아서 연락드릴 터이니 좀 기다려주십시오 하는 공무원이 얼마나 될까. 아마도 예전 자료는 보존연한이 지나 없고 현재로서는 그 내용을 확인할 수 없다는 정도가 기대 가능한 답변 아닐까.

도로에 관한 각종 법률의 규정을 살펴보았으므로 이제 독자의 마음에 드는 대지가 있을 경우 어떤 공부들을 확인한 후 그 땅을 매입해야 순조롭게 건축을 할 수 있는지 한번 살펴보도록 하자.

① 토지이용계획 확인서 내용 확인

마음에 드는 대지가 있을 경우 가장 먼저 확인해야 할 것은 해당 지번에 대한 토지이용계획 확인서상 용도지역이다. 이를 먼저 확인하는 이유는 건축법상 도로에 관한 규정이 '도시지역, 지구단위계획구역, 비도시지역 읍·동 지역인 경우'와 '비도시지역 면지역인 경우'로 나누어져 있기 때문이다.

가. 도시지역이나 지구단위계획구역인 경우, 대지가 접해야 하는 도로의 너비는 막다른 도로와 지형적 조건으로 인하여 차량 통행을 위한 도로의 설치가 곤란하다고 인정한 도로를 제외하고 원칙적으로 4미터 이상이어야 한다. 단, 연면적의 합계가 2천 제곱미터(공장인 경우에는 3천 제곱미터) 이상인 건축물(축사, 작물 재배사, 그 밖에 이와 비슷한 건축물로서 건축조례로 정하는 규모의 건축물은 제외)의 대지는 너비 6미터 이상이어야 한다. 도시지역이란 주거지역, 상업지역, 공업지역, 녹지지역을 말한다.

나. 지구단위계획구역이 아닌 비도시지역으로서 읍·동 지역인 경우, 조례가 정하는 건축물인 경우에는 통상 3미터 이상의 도로에 접하면 건축이 가능하도록 도로의 너비를 완화하여 적용해주고 있으므로 해당 지자체

의 조례를 확인해 보아야 한다. 비도시지역은 관리지역, 농림지역, 자연환경보존지역을 말한다.[187]

다. 비도시지역으로서 면지역은 건축법 제44조의 접도의무 규정이 적용되지 않으므로 건축물의 출입에 지장이 없는 통로만 있으면 건축허가를 받을 수 있다.[188]

요즈음엔 「건축법」 제2조 제1항 제11호 나목의 도로인지를 토지이용계획 확인서상에서 확인할 수 있다. 참고로 토지이용계획 확인서에 관한 입법 현황을 살펴보면 다음과 같다. 2009년 2월 6일 개정되어 2009년 8월 7일부터 시행된 「토지이용규제기본법」 제10조 제1항 제3호, 동법 시행령 제9조 제4항 제2호 및 동법 시행규칙 제2조 제2항 제3호의 규정에 의거하여 토지이용계획 확인서 발급 신청이 있을 때에는 「건축법」 제2조 제1항 제11호 나목의 도로에 관한 사항을 포함하여 발급토록 하고 있다. 따라서 2009년 8월 7일 이후에 허가권자가 건축허가 또는 신고 시 도로로 지정·공고를 한 경우에는 토지이용계획 확인서에 「건축법」상 도로임을 표시하도록 되어 있으므로 이를 확인하면 도로 지정 구간 등을 알 수 있어 본인의 대지에 건축허가가 가능한지를 확인할 수 있으며, 이처럼 공도에서 본인 대지에 접해있는 부분까지 도로로 지정·공고된 경우에는 도로 소유자의 동의를 받지 않고 건축허가를 받을 수 있다.

② 지적도 및 토지대장과 도로관리대장

지적도와 토지대장은 다들 알고 있으리라 생각하기에 생략하고, 도로

---

187) 건축법 제5조 제1항 및 건축법 시행령 제6조 제1항 제7의2호 참조
188) 건축법 제3조 제2항

관리대장에 대해 살펴보자. 위에서 이미 살펴보았지만 법정 도로관리대장이란 것이 생긴 것이 그렇게 오래되지 않아 도로관리대장에 등재된 도로라면 더 확실하다고 할 수 있다. 공식적인 도로가 되기 위해서는 이 도로관리대장에 등재가 되어야하기 때문이다. 도로관리대장은 해당 지자체 건축과를 찾아가면 열람할 수 있으니 참조하기 바란다. 토지이용계획 확인서나 지적도상 지목이 도로가 아니라고 하더라도 도로관리대장에 등재가 되어 있다면 건축허가를 받는데 지장이 없다고 보면 될 것이다.

③ 해당 지자체의 건축조례

원하는 땅이 소재하는 해당 지자체의 건축조례를 반드시 살펴보아야 한다. 건축법에서는 많은 사항들을 해당 지자체에 위임하는 규정들을 두고 있다. 예를 들면 건축법 제5조에서는 건축주는 업무를 수행할 때 이 법을 적용하는 것이 매우 불합리하다고 인정되는 대지나 건축물에 대하여는 이 법의 기준을 완화하여 적용할 것을 허가권자에게 요청할 수 있으며 요청 및 결정의 절차와 그 밖에 필요한 사항은 해당 지방자치단체의 조례로 정한다고 규정하고 있다. 이 위임조항에 의거하여 입법된 충남 당진시 건축조례 제3조에 도로 및 대지와 도로의 관계에 대한 기준을 완화하여 적용할 수 있도록 되어 있다. 또 당진시 건축조례 제33조에 따르면, 도로의 지정에 대해 다음과 같이 규정하고 있다.

건축법 제45조 제1항 제2호의 규정에 의하여 다음 각 호의 어느 하나에 해당하는 경우 당해 도로에 대한 이해관계인의 동의를 얻지 아니하고 지방건축위원회의 심의를 거쳐 도로로 지정·공고할 수 있다. 다만, 사유지인 경우에는 포장되어 사용 중인 경우에 한한다.(단서신설 2013.12.31.)

① 국가 또는 시에서 직접 시행하거나 지원에 따라 주민 공동사업 등으로 개설되어 사용하고 있는 경우

② 주민이 통로로 사용하고 있는 복개된 하천 · 제방 · 구거 · 철도 · 농로 · 공원 내 도로 그밖에 이와 유사한 국 · 공유지

③ 현재 주민이 사용하고 있는 통로를 이용하여 건축물의 진입로로 사용하는 도로(신설 2013.12.31.)

상기 규정에 따른 통행로를 이용하여 건축허가를 받고자 하는 건축주는 현황사진 · 현황측량성과도 등 위원회의 심의에 필요한 서류를 건축허가 신청 이전에 제출하여야 한다.

위 당진시 건축조례에서 단서를 언제 신설했는지 보면, 건축허가 시 도로와 관련하여 어떤 것이 주로 문제가 되었는지를 단적으로 보여주고 있다. 포장되어 있거나 현재 건축물의 통로로 이용되고 있다면 사유지이지만 토지주의 동의를 받지 않고 도로로 지정하여 문제를 해결하겠다는 의지를 표현해 놓은 규정이라 생각된다. 이처럼 지자체 건축조례엔 그 지역 특유의 정서나 법 감정이 담긴 조항들이 있을 수 있으므로 반드시 참고해 보아야 한다.